高等职业院校新工科人才培养规划教材

机械制图习题集

（第2版）

宋丽莉　周　敏　佟　莹　主编

中国铁道出版社有限公司
CHINA RAILWAY PUBLISHING HOUSE CO., LTD.

内 容 简 介

本习题集的主要内容包括:制图的基本知识,正投影基础与三视图,点、直线和平面的投影,立体的投影,轴测图,组合体,机件的表达方法,标准件与常用件,零件图,装配图等。

本习题集适用于高职高专机械、机电类各专业,也可供其他相关专业选用,并可作为电大、函授、成教或自学的参考教材,也可作为职业培训教材。

图书在版编目(CIP)数据

机械制图习题集/宋丽莉,周敏,佟莹主编. —2版.
—北京:中国铁道出版社有限公司,2019.8
高等职业院校新工科人才培养规划教材
ISBN 978-7-113-24530-6

Ⅰ.①机… Ⅱ.①宋… ②周… ③佟… Ⅲ.①机械制
图—高等职业教育—习题集 Ⅳ.①TH126-44

中国版本图书馆 CIP 数据核字(2019)第 121992 号

书　　名:机械制图习题集(第 2 版)
作　　者:宋丽莉　周　敏　佟　莹

策　　划:曾露平　　**读者热线:**(010)63550836
责任编辑:曾露平
封面制作:刘　颖
责任校对:张玉华
责任印制:郭向伟

出版发行:中国铁道出版社有限公司(100054,北京市西城区右安门西街 8 号)
网　　址:http://www.tdpress.com/51eds
印　　刷:北京铭成印刷有限公司
版　　次:2017 年 9 月第 1 版　2019 年 8 月第 2 版　2019 年 8 月第 1 次印刷
开　　本:787 mm×1 092 mm　1/16　印张:7.5　字数:187 千
书　　号:ISBN 978-7-113-24530-6
定　　价:26.00 元

前　言

本习题集根据教育部最新制定的《高职高专工程制图课程教学基本要求（机械类专业）》编写而成，全部采用《技术制图》与《机械制图》最新国家标准。

本习题集适合与重庆电子工程职业学院宋丽莉、佟莹主编的《机械制图》教材配套使用。本习题集的主要特点如下：

1. 强化基础、注重实践。

各章均以基本题为主，辅以少量的综合题，突出投影基础和表达能力的培养。

2. 紧扣课程任务，合理选排内容。

习题集的编排顺序与教材体系保持一致，以应用为主，注重理论联系实践，以便于不同类型、不同学时的专业选用。

3. 相较于第1版，本版对第3~5章的题进行了升级更新，以更适合于高职学生的人才培养需求。

本习题集由重庆电子工程职业学院宋丽莉、周敏、佟莹主编。在编写过程中得到了重庆电子工程职业学院智能制造与汽车学院全体教师的大力支持，在此表示衷心的感谢！在编写过程中参考了一些国内同类教材，在此也特向有关作者致谢！

由于编者的水平有限，编写时间仓促，书中的缺点和错误在所难免，诚请阅读本书者批评指正。

编　者

2019年5月

目　录

第 1 章　制图的基本知识

1-1　图线练习

1. 在指定位置按下列示范图线抄画下列各种图线。

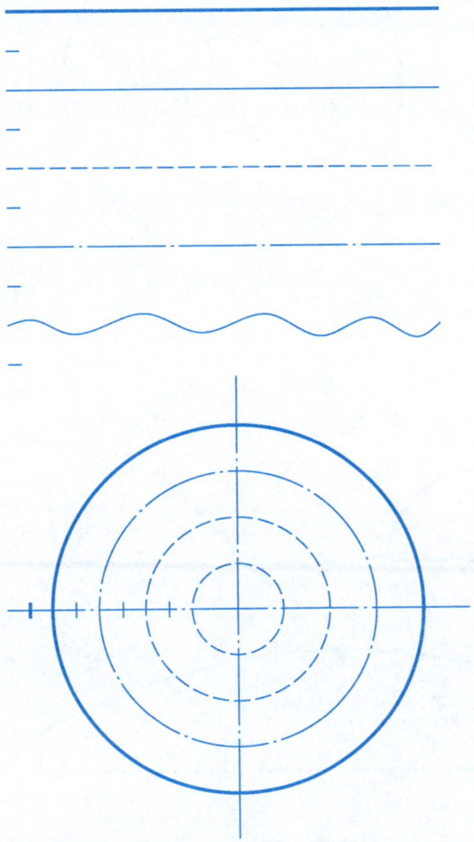

2. 在右边画出与左边对应的图线。

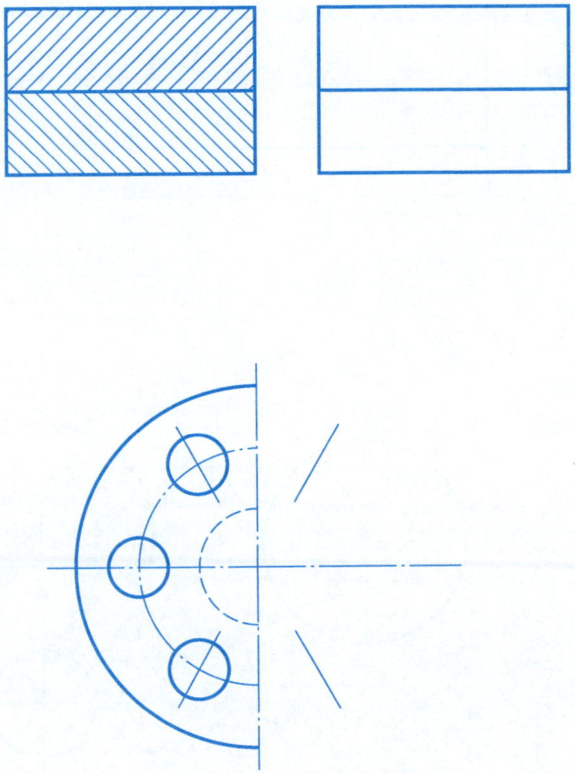

班级　　　　　　　　姓名　　　　　　　　学号

1-2　尺寸注法(一)——尺寸数字按 1:1 从图中量取

1. 画箭头填写线性尺寸数字。

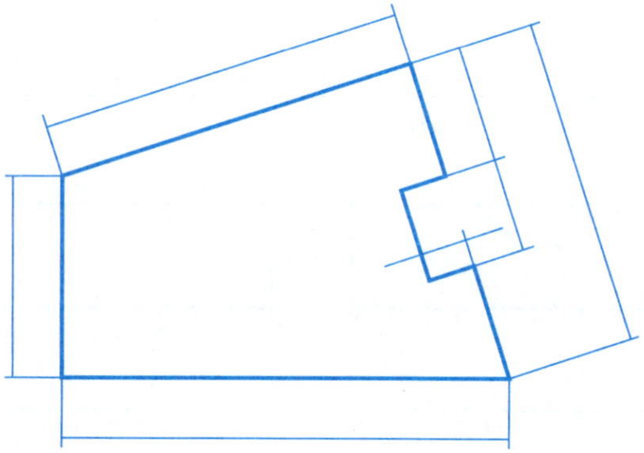

2. 画箭头填写角度尺寸数字。

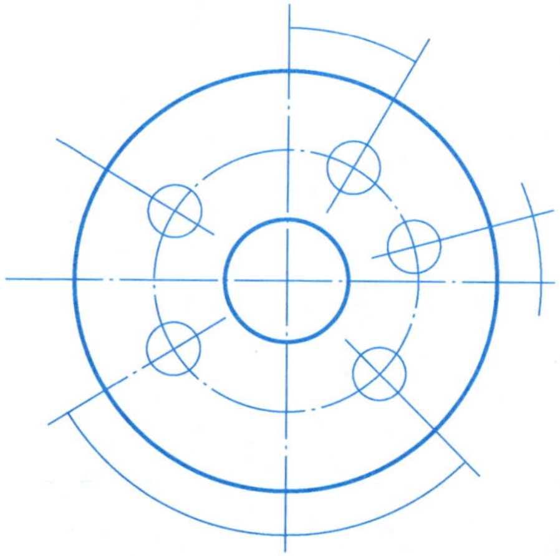

3. 标注圆或圆弧的尺寸。

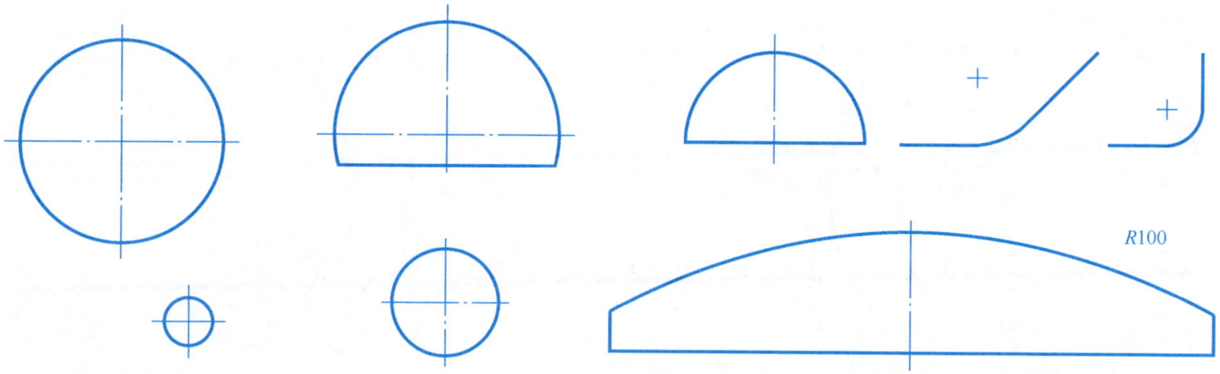

班级　　　　　　姓名　　　　　　学号

1-3 尺寸注法(二)——找出图中尺寸标注的错误,并在相应的图上正确标注

1.

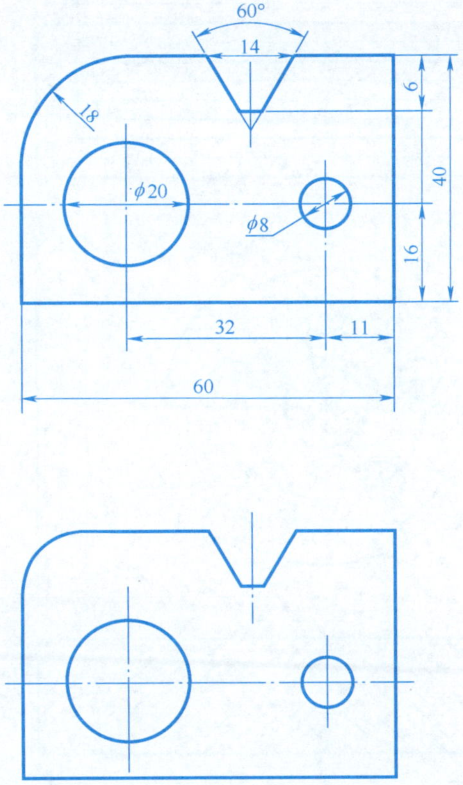

2.

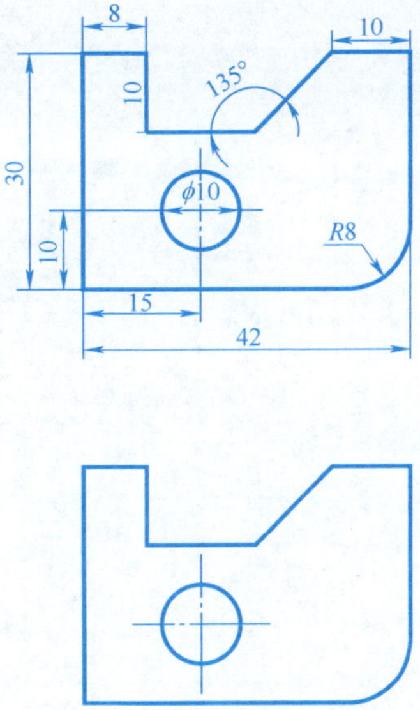

3.

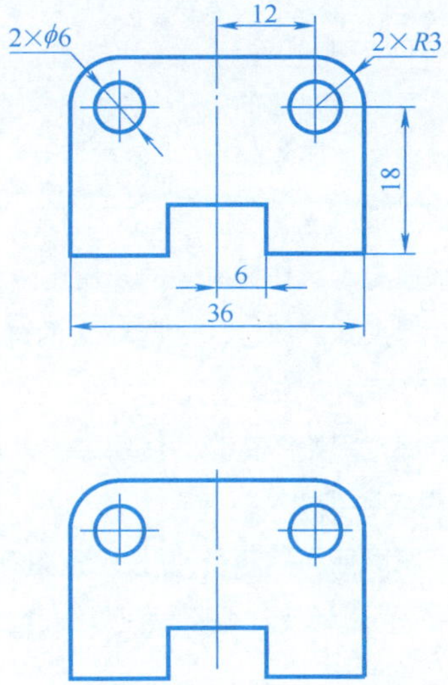

4.

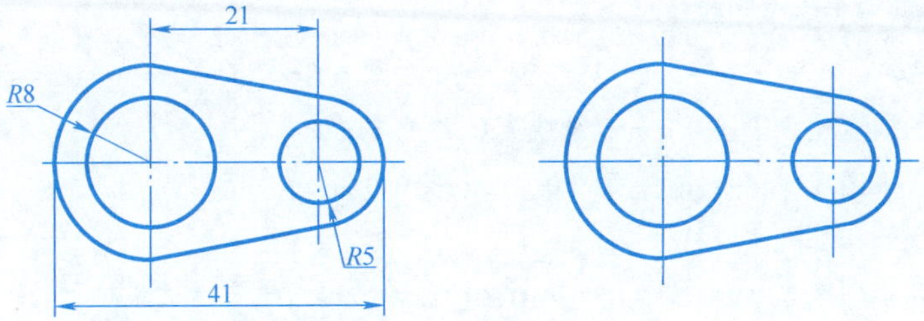

班级　　姓名　　学号

1-4 线型练习作业

线型综合练习

一、目的

1. 熟悉图纸幅面的大小，掌握图框及标题栏的画法。

2. 熟悉主要线型的型式、规格及其画法。

3. 学会长仿宋字、工程数字、工程字母的正确书写方法。

4. 掌握与本次作业有关的几何作图方法。

5. 掌握尺寸界线、尺寸线、箭头的画法以及尺寸数字的注写规则，学会常用尺寸的标注方法。

6. 掌握常用绘图工具的使用方法以及绘图仪器的操作方法和技能。

二、内容和要求

1. 绘制图框和标题栏，并按示范图例绘制各种图线。

2. 用 A4 图纸，竖放，不标注尺寸，比例 1∶1。

三、绘图步骤

1. 画图框。

2. 在右下角画标题栏。

3. 按图例所注尺寸作图。

4. 校对底稿，擦去多余图线。

四、注意事项

1. 粗实线的线宽建议采用 0.7 mm，细线宽 0.2~0.3 mm。

2. 尺寸数字采用 3.5 号字，箭头宽约 0.7 mm，长 3~4 mm。

3. 各种图线的相交画法应符合要求。

4. 填写标题栏。图名：线型练习；图号：01.01；在相应栏内填写：姓名、班级、学号、比例、日期等内容。

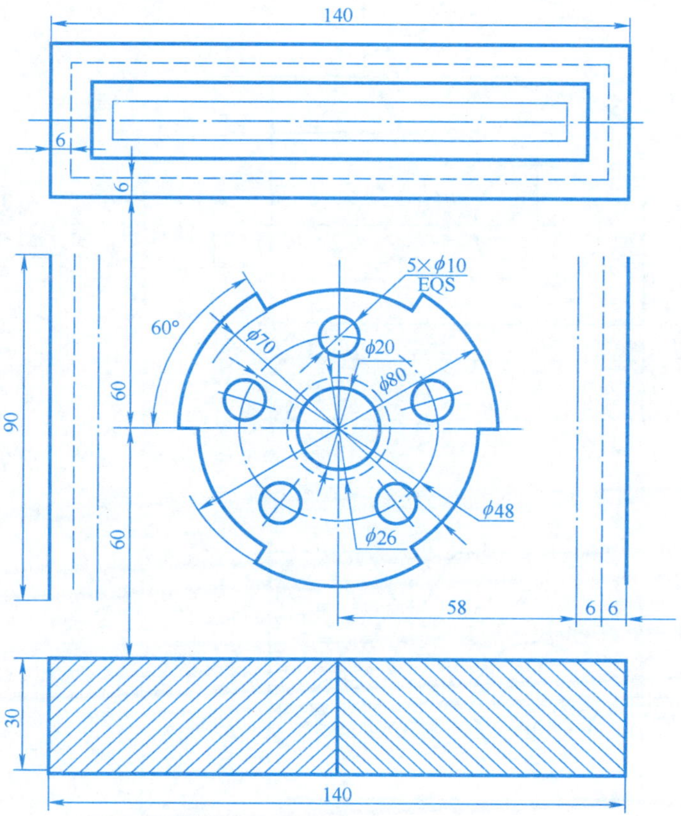

标 题 栏

班级 姓名 学号

1-5　几何作图(一)

1. 作圆的内接正五边形。

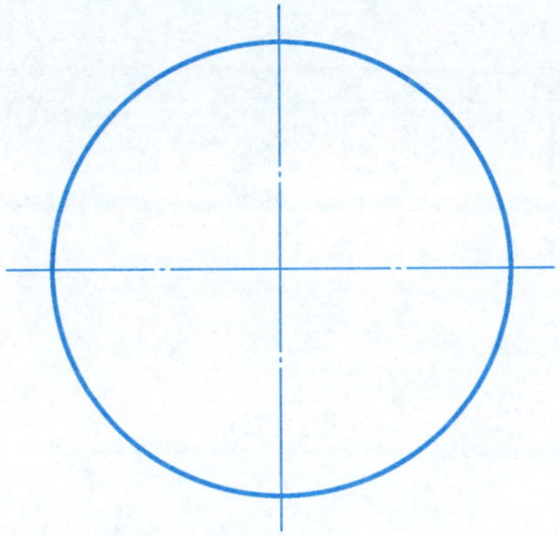

2. 作圆的内接正六边形。

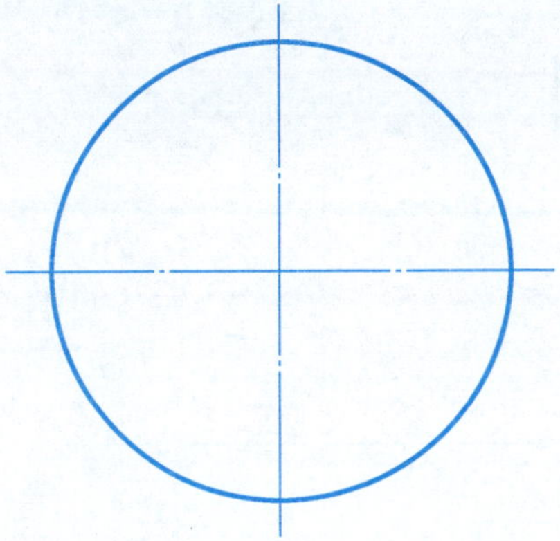

3. 用图中所给半径 R,光滑连接两圆弧,使其内切。

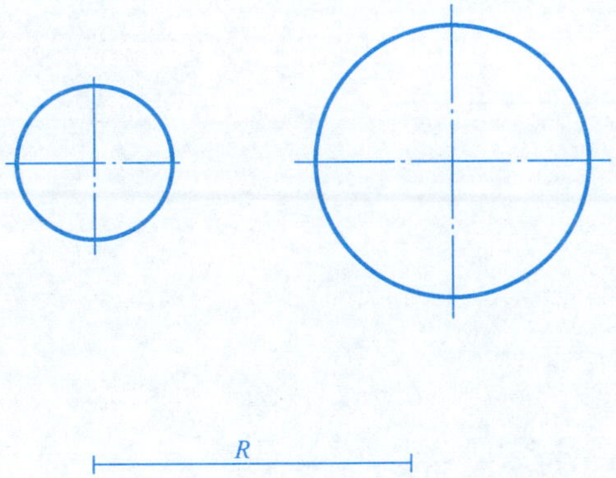

4. 用图中所给半径 R,光滑连接两圆弧,使其外切。

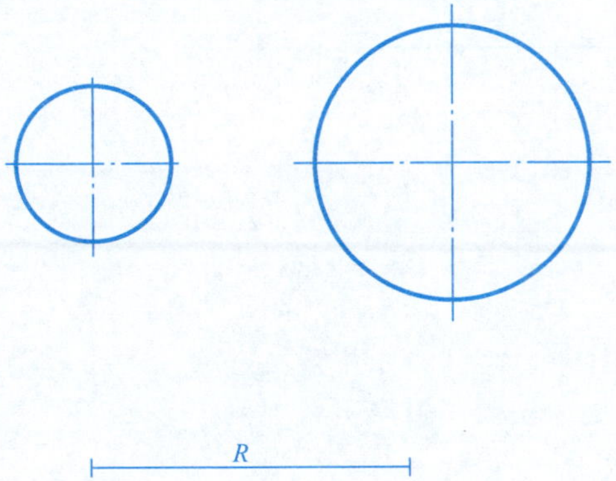

班级　　　　　　　　姓名　　　　　　　　学号

1-6　几何作图(二)——用给定的尺寸按 1:1 完成图形

1. 按 1 : 1 抄画下图并标注斜度。

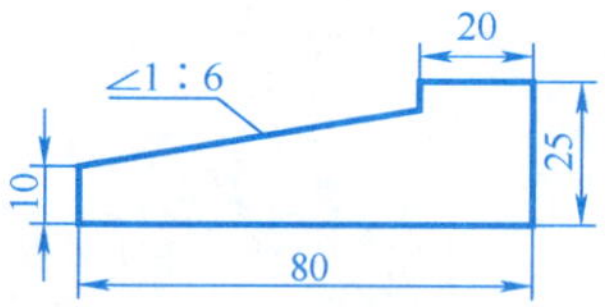

2. 按 1 : 1 抄画下图并标注锥度。

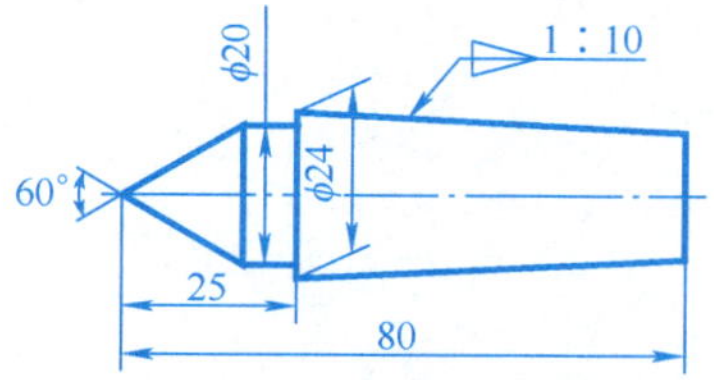

3. 用四心近似法画椭圆。

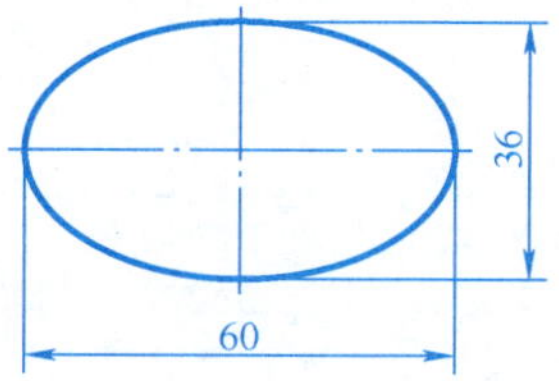

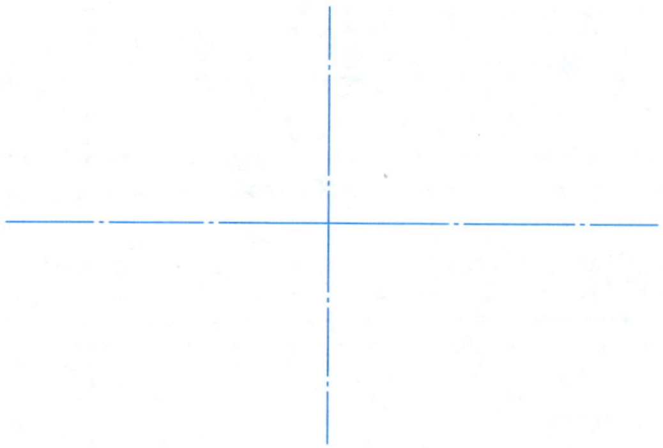

班级　　　　　　　　　　姓名　　　　　　　　　　学号

1. 指出下列两个图形横竖两个方向的尺寸基准，哪些尺寸是定形尺寸，哪些尺寸是定位尺寸。

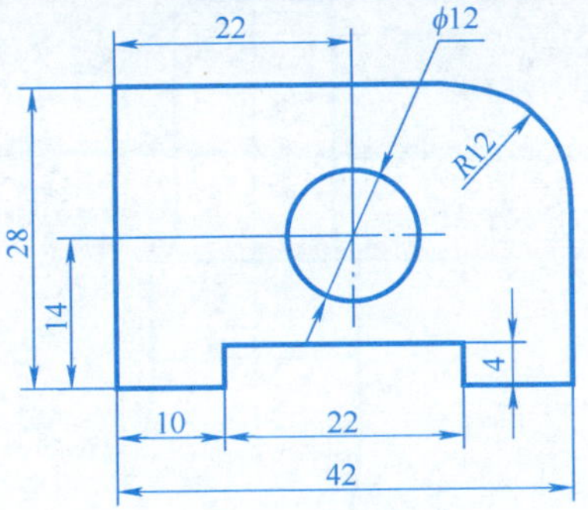

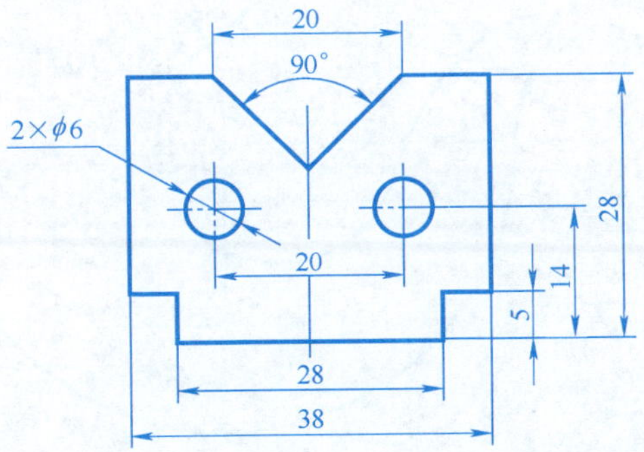

2. 指出图中的尺寸基准及定形、定位尺寸，确定线段性质，拟出作图顺序，并在空白处按图中注出的尺寸作出图形。

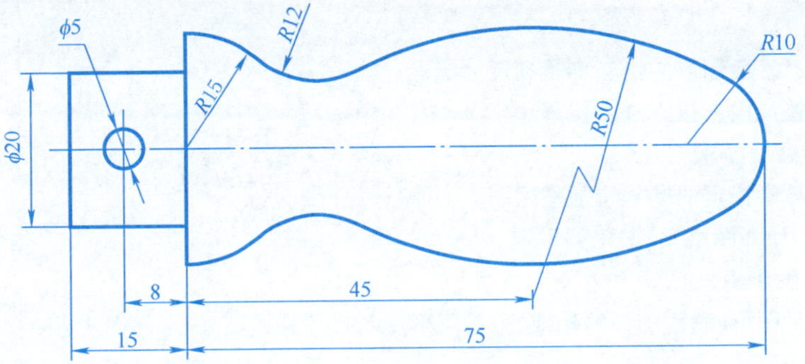

班级　　　　姓名　　　　学号

平面图形综合练习

一、目的

1. 熟悉平面图形的绘制步骤和尺寸标注。
2. 掌握线段连接方法及技巧。

二、内容及要求

1. 按教师指定的题号绘制平面图形，并标注尺寸。
2. 采用 A4 图纸，绘图比例自定。

三、作图步骤

1. 分析图形：看懂图形的构成，分析图形中的尺寸和线段，确定作图步骤。
2. 画底稿：

(1)画图框和标题栏；

(2)画作图基准线；

(3)按已知线段、中间线段、连接线段的顺序，画出图形；

(4)画尺寸界线、尺寸线。

3. 检查底稿，擦去多余线条。
4. 描深图形。
5. 画箭头，注写尺寸数字，填写标题栏。
6. 校对，修饰图面。

四、注意事项

1. 布图时应留足标注尺寸的位置，使图形布置匀称。
2. 画底稿上的连接线段时，应准确找出圆心和切点。
3. 描深时，同类线型同时描深，使其粗细一致，连接光滑。
4. 箭头应符合规定，尺寸注法应正确、完整。

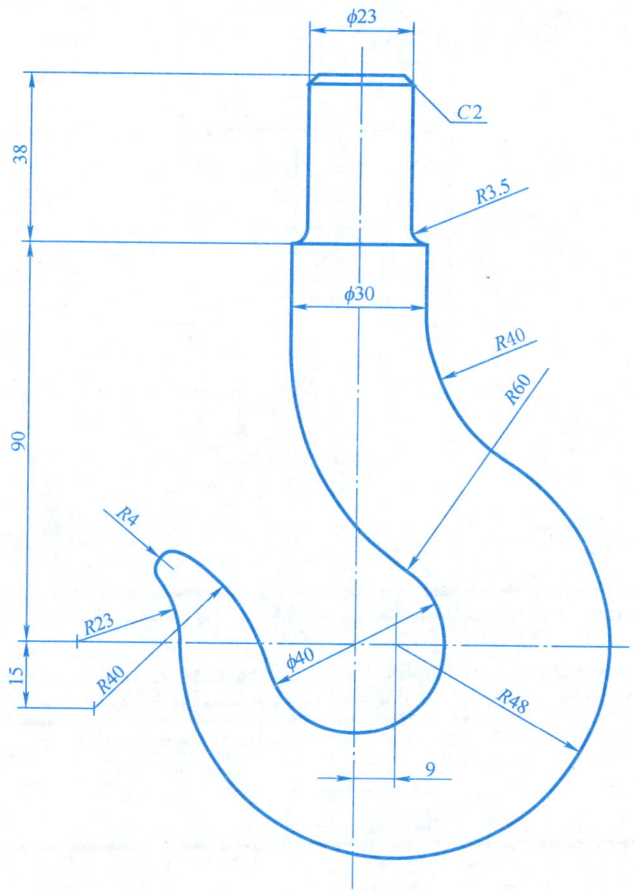

标　题　栏

班级　　姓名　　学号

1–9 平面图形作业

1.

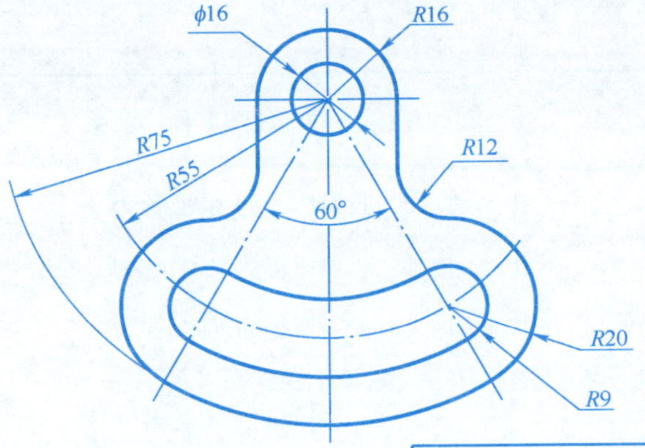

标 题 栏

2.

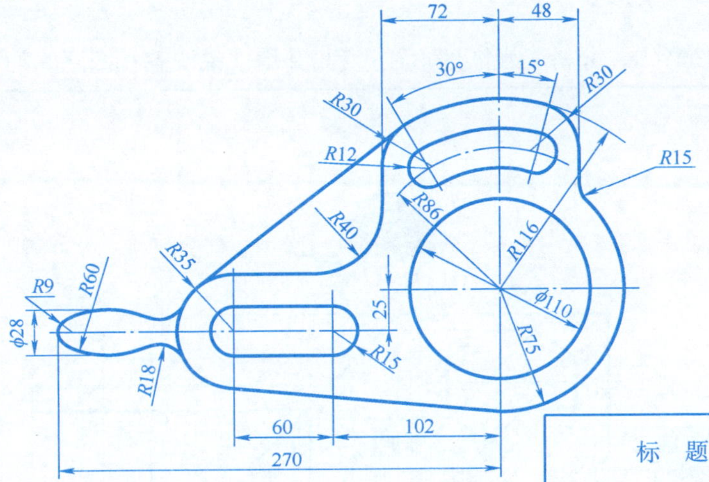

标 题 栏

3.

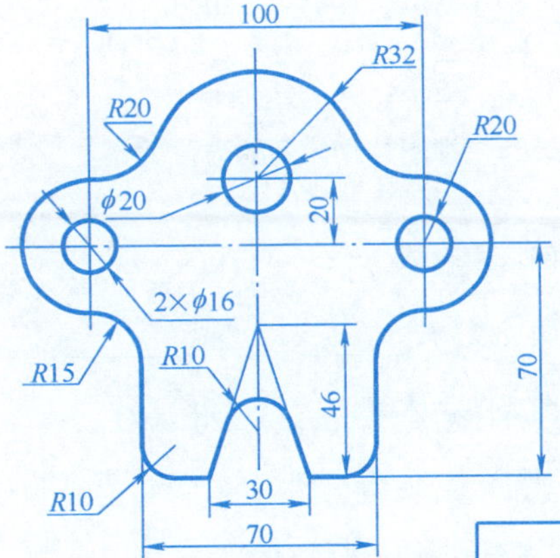

标 题 栏

4.

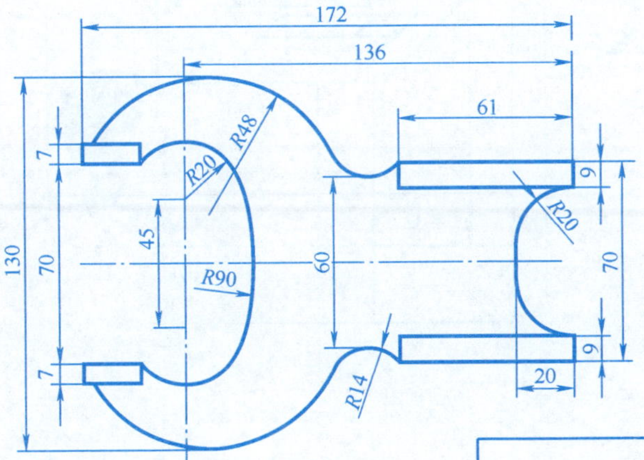

标 题 栏

班级　　　　姓名　　　　学号

第 2 章　正投影基础与三视图

2-1　正投影——分析三视图的形成过程，并填空说明三视图之间的关系

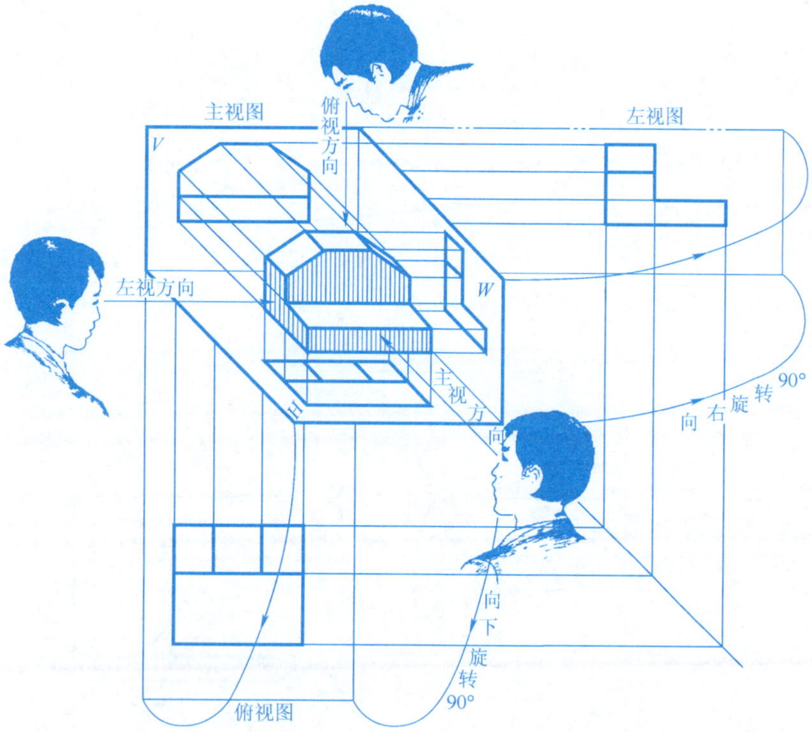

投射方向与视图名称的关系

由____向____投射所得的视图，称为__________；

由____向____投射所得的视图，称为__________；

由____向____投射所得的视图，称为__________。

视图间的三等关系

主、俯视图______________；

主、左视图______________；

俯、左视图______________。

视图与物体间的方位关系

主视图反映物体的________和________；

俯视图反映物体的________和________；

左视图反映物体的________和________。

俯、左视图中，远离主视图的一边，表示物体的____面；靠近主视图的一边表示物体的____面。

班级　　　　姓名　　　　学号

2-2　三视图(一)——分析下列三视图,辩认其相应的轴测图,并在空内填上相应的三视图编号

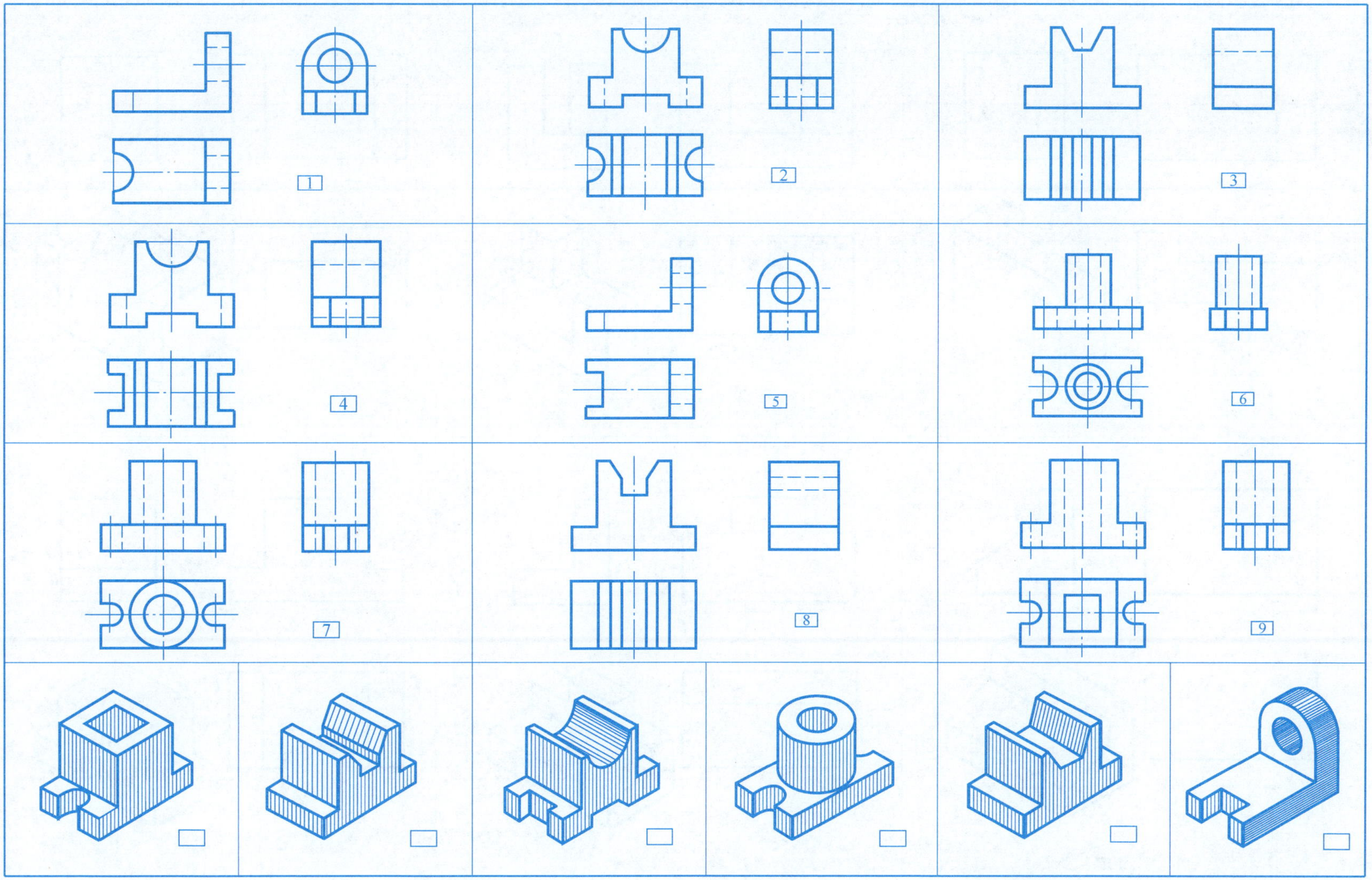

班级　　　　　　　　　　　　姓名　　　　　　　　　　　　学号

2-3　三视图(二)——在轴测图上表示投射方向的箭头注上“主视”“俯视”或“左视”，并补画视图中所缺的图线

1.

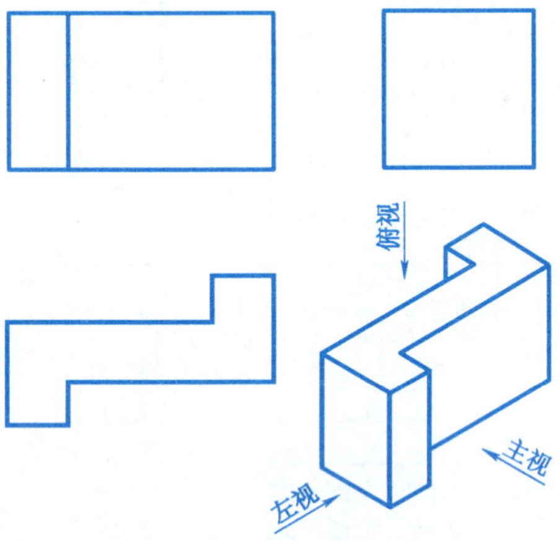

2.

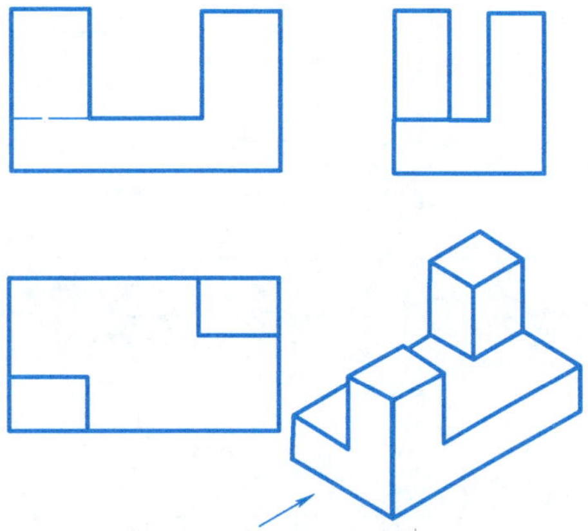

3.

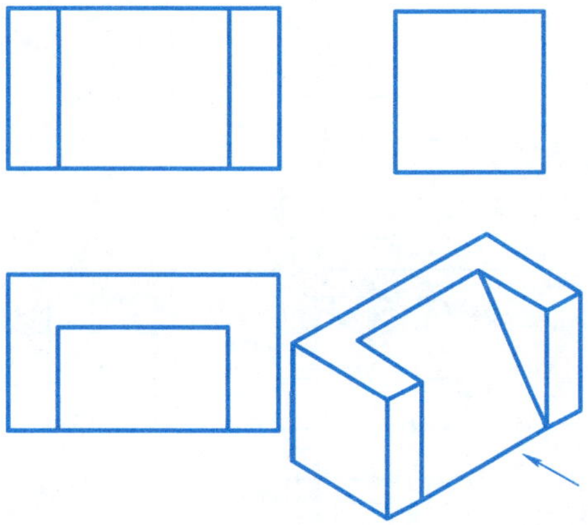

4.

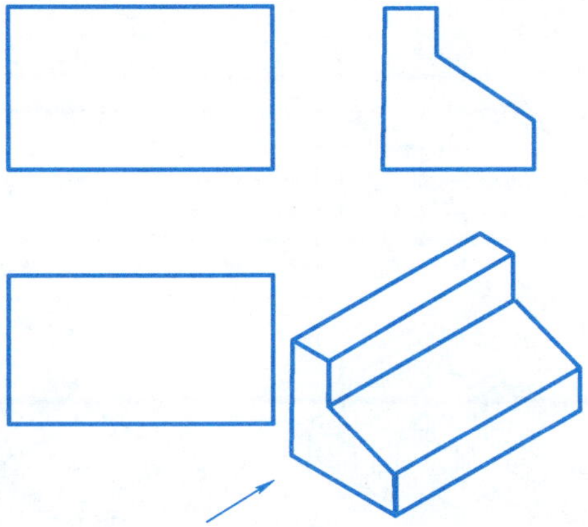

5.

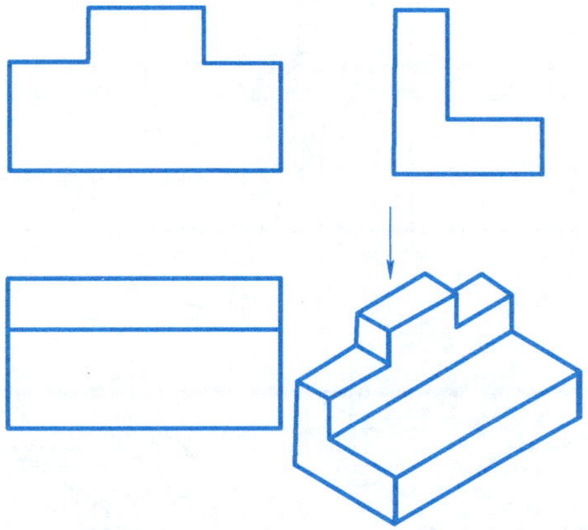

6.

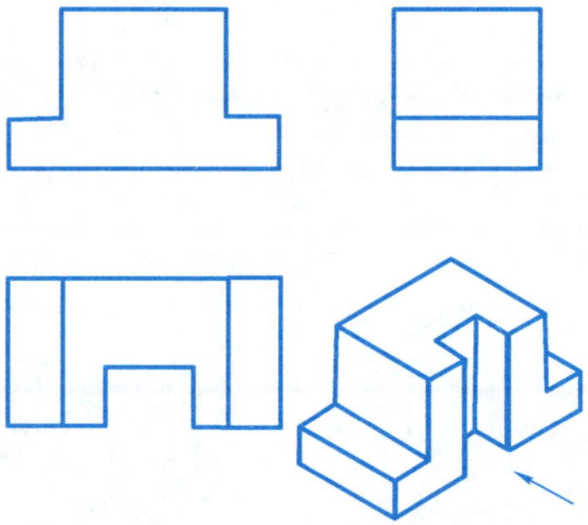

班级　　　　　　姓名　　　　　　学号

2-4　三视图(三)——根据轴测图辨认相应的一个视图,并补画出所缺的两个视图

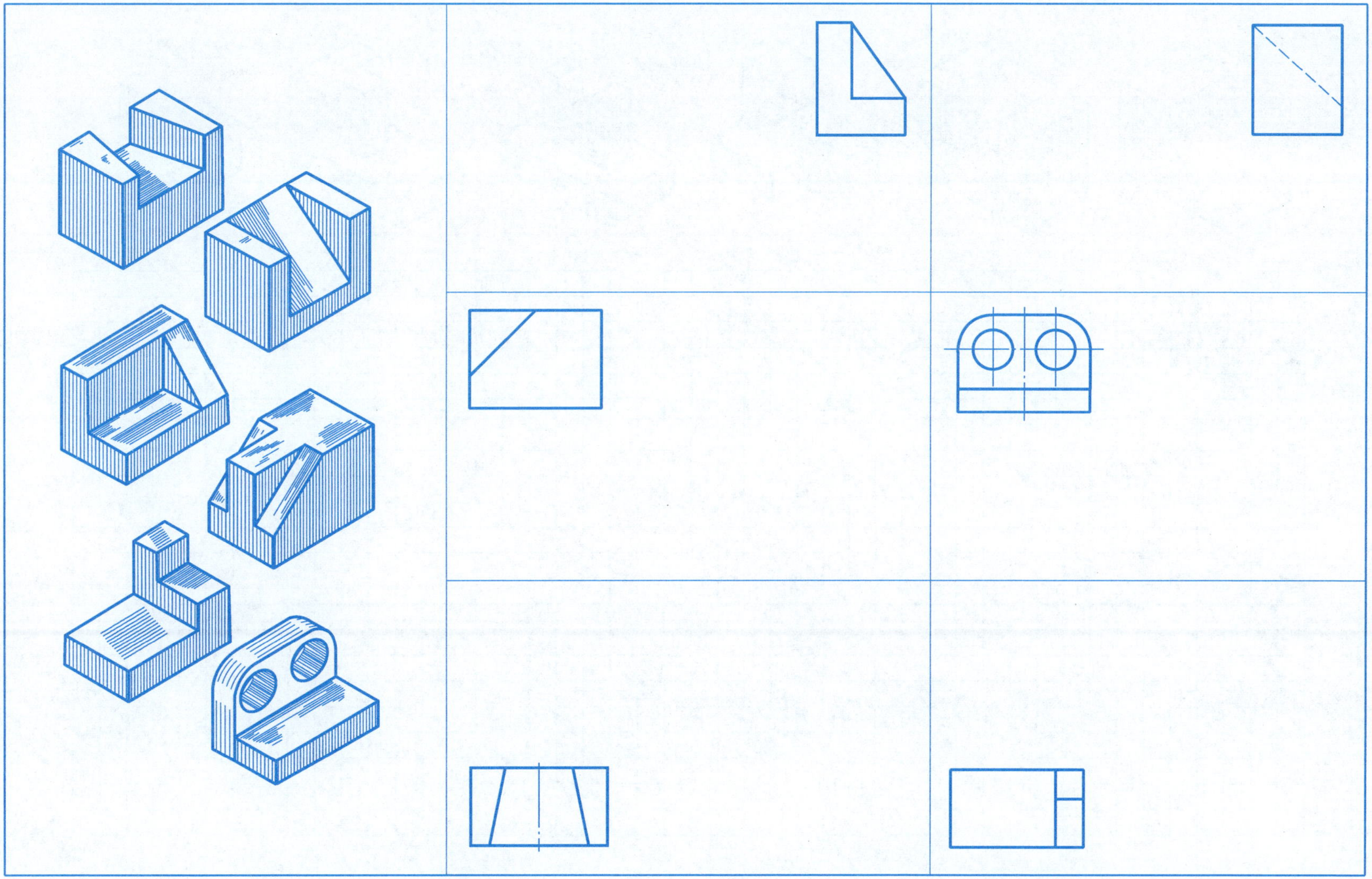

班级　　　　　　　　姓名　　　　　　　　学号

2-5　三视图(四)——根据轴测图,在方格纸上画出其三视图

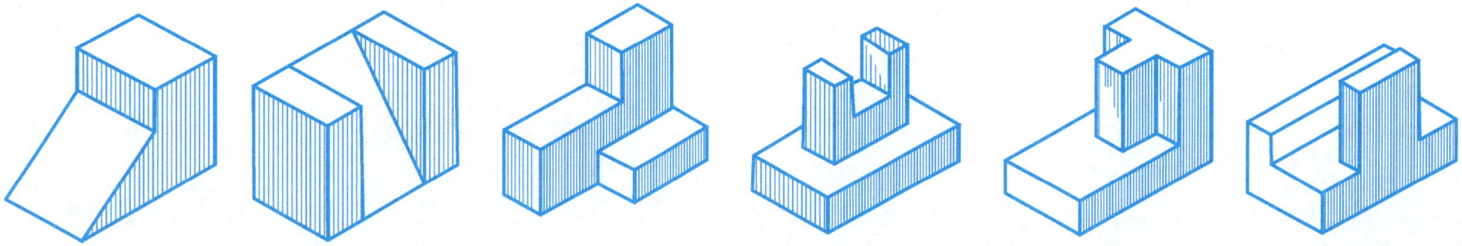

班级　　　　　　　　姓名　　　　　　　　学号

第 3 章　点、直线、平面的投影

3-1　点的投影(一)

1. 参照立体图，在三视图上标注 *A*、*B* 两点在 *H*、*W* 面上的投影，并填空。

比上下：*A* 点在 *B* 点之(　　)

比左右：*A* 点在 *B* 点之(　　)

比前后：*A* 点在 *B* 点之(　　)

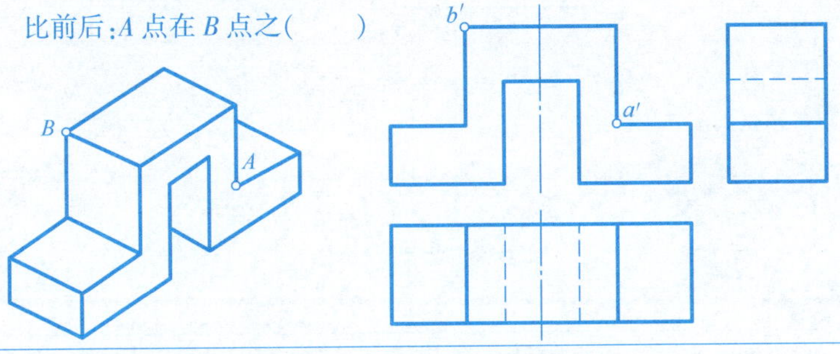

2. 参照三视图，在立体图上标出 *C*、*D* 两点的位置，并填空。

比上下：*C* 点在 *D* 点之(　　)

比左右：*C* 点在 *D* 点之(　　)

比前后：*C* 点在 *D* 点之(　　)

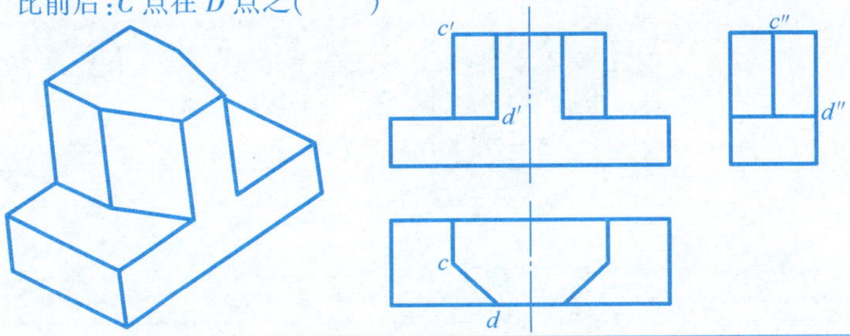

3. 参照立体图，标出点 *A*、*B*、*C* 的三面投影。

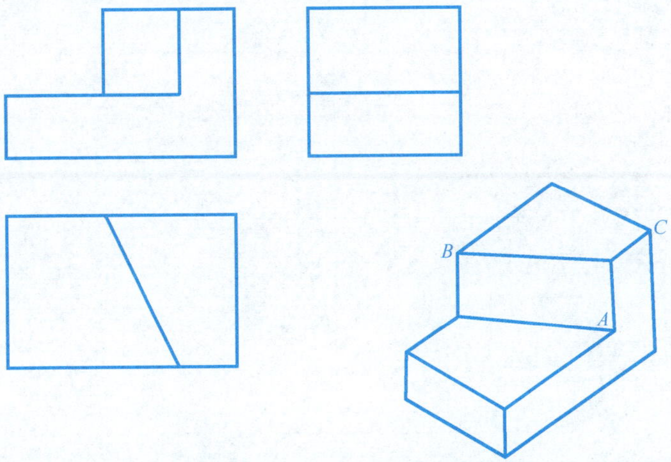

4. 已知平面体上点 *A*、*B*、*C*、*D* 的两面投影，标出它们的侧面投影，并在立体图上标出其位置。

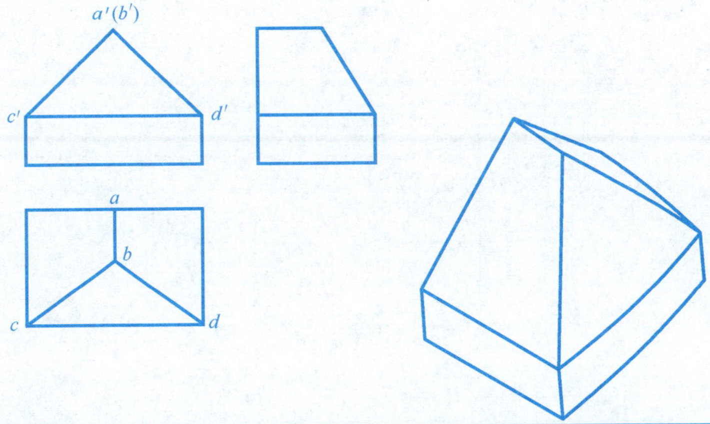

班级　　　　姓名　　　　学号

3-2 点的投影(二)

1. 已知点的两面投影,求第三面投影。

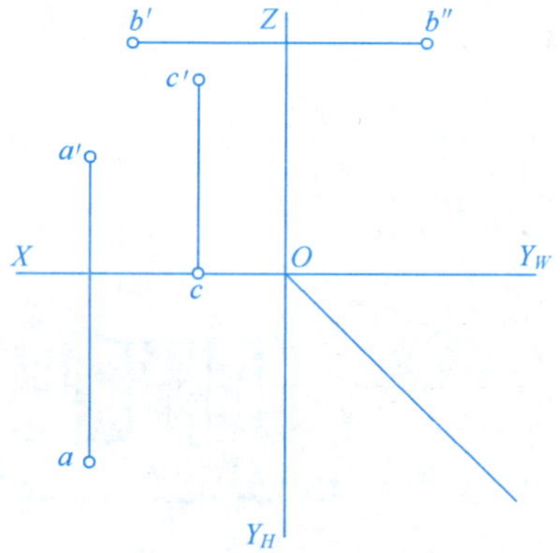

2. 已知点的两面投影,求第三面投影。点 *E* 在 *W* 面上,点 *F* 在 *H* 面。

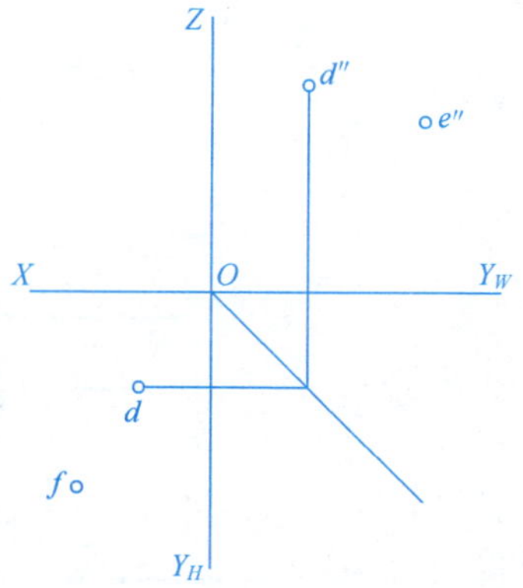

3. 完成点 *A*、*B*、*C* 的三面投影,判断图中 *A*、*B*、*C* 三点的相对位置关系。

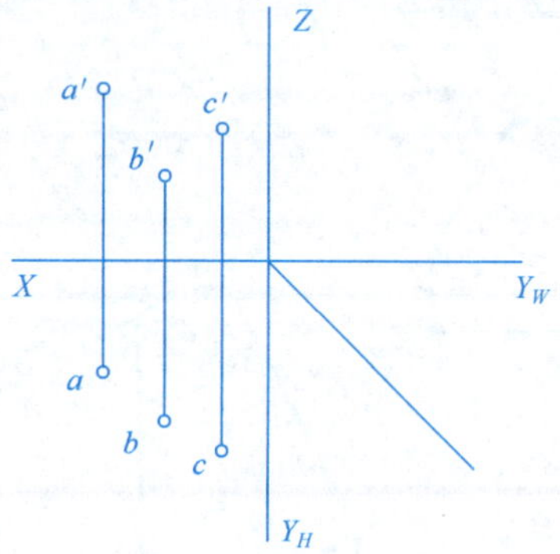

____点最高
____点最低
____点最前
____点最后
____点最左
____点最右

4. 已知 *A* 点的三面投影,*B* 点在 *A* 点上方 16、左方 20、前方 18,求作 *B* 点的三面投影。

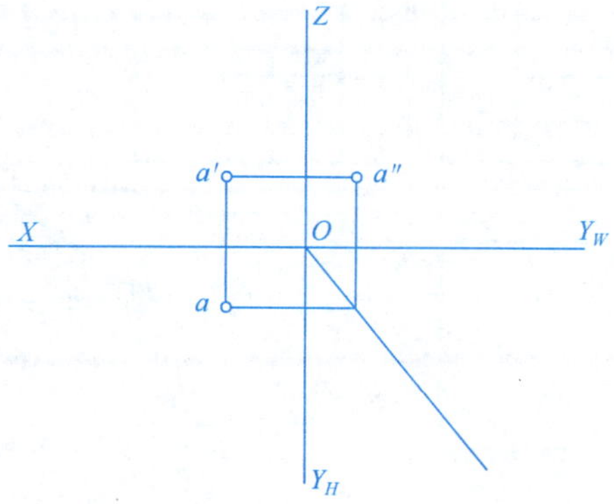

班级　　　　姓名　　　　学号

3-3　点的投影(三)

1. 已知点 A 距 H 面为 12,距 V 面为 15,距 W 面为 10,点 B 在点 A 的左方 5,后方 10,上方 8,试作 A、B 两点的三面投影。

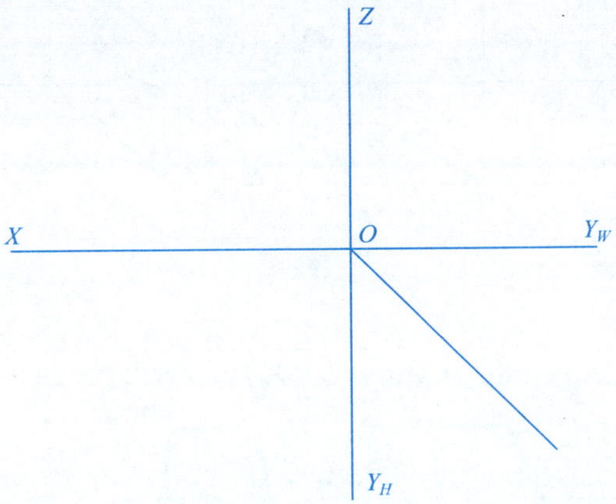

2. 已知 A、B 两点在 W 面的投影重影,完成 A、B 两点的三面投影。

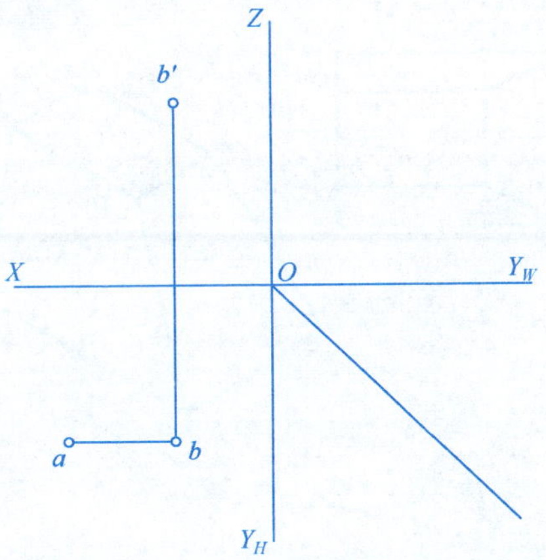

3. 已知点 A、B、C 的两个投影,求其第三投影,并量出点到各投影面的距离填入表中(取整数,单位 mm)。

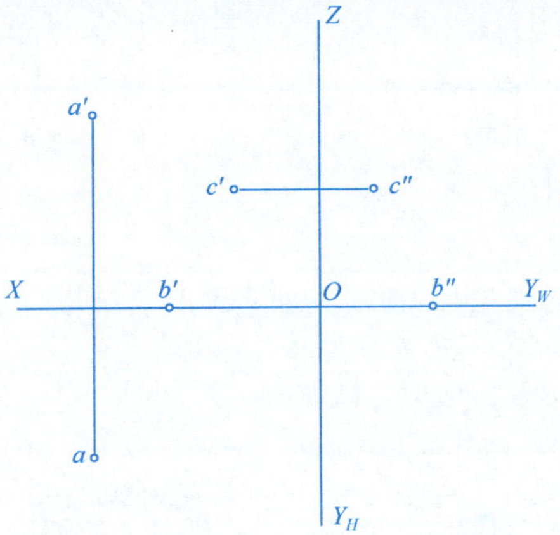

点	A	B	C
距 H			
距 V			
距 W			

班级　　　　　　姓名　　　　　　学号

3-4　直线的投影(一)

1. 判断下列各直线与投影面的相对位置。

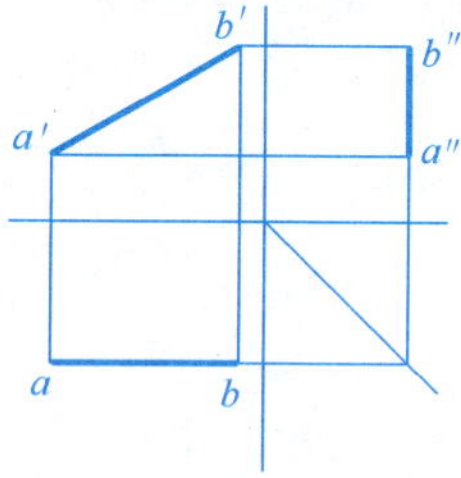

<u>　正平　</u>线

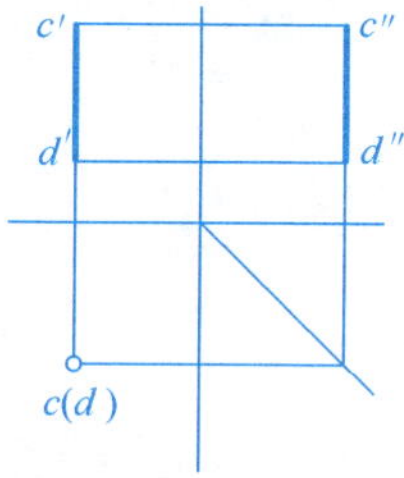

________线

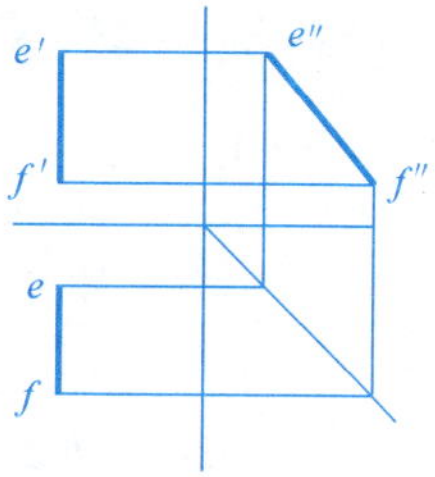

________线

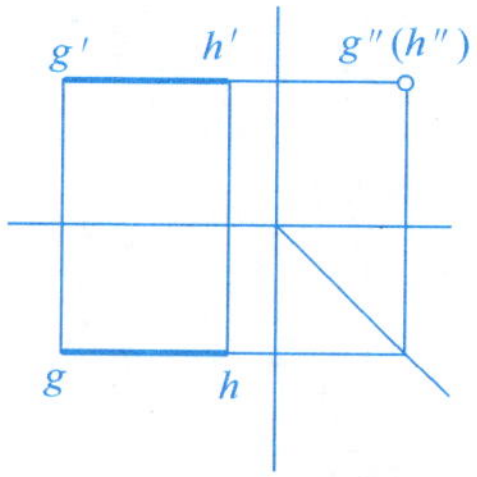

________线

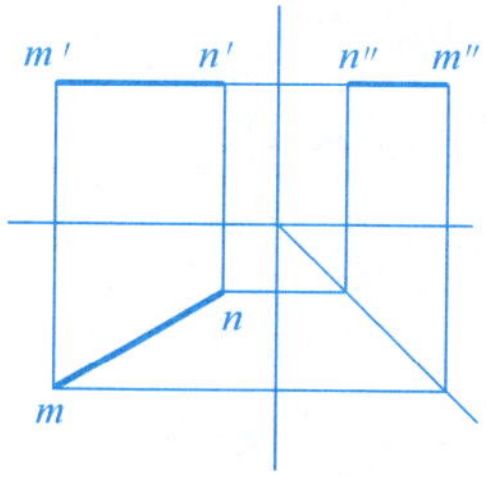

________线

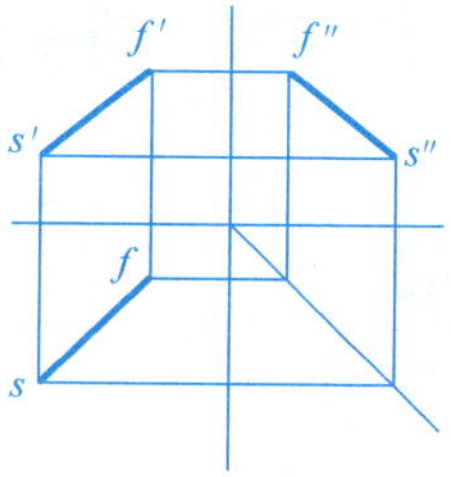

________线

2. 补画俯、左视图中的漏线，标出直线 *AB*、*CD*、*BD*、*BE* 的三面投影，并填空。

该物体中有：

(　　)条正平线，(　　)条正垂线，(　　)条水平线

(　　)条铅垂线，(　　)条侧垂线，(　　)条一般位置直线

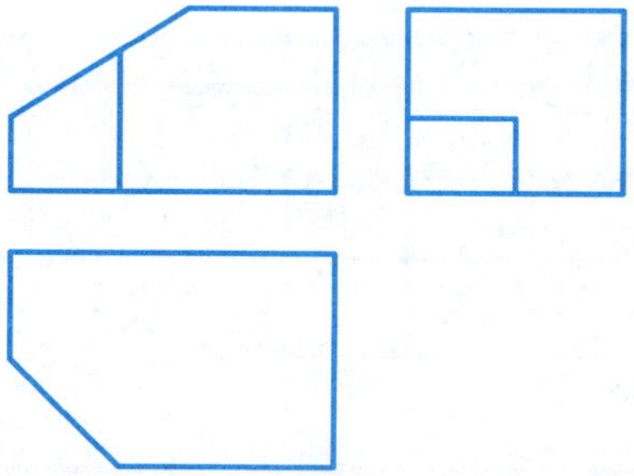

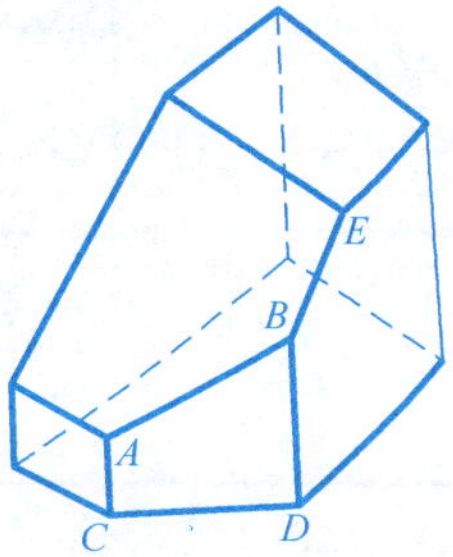

3. 在三视图上标出立体图中各点的投影，并填空。

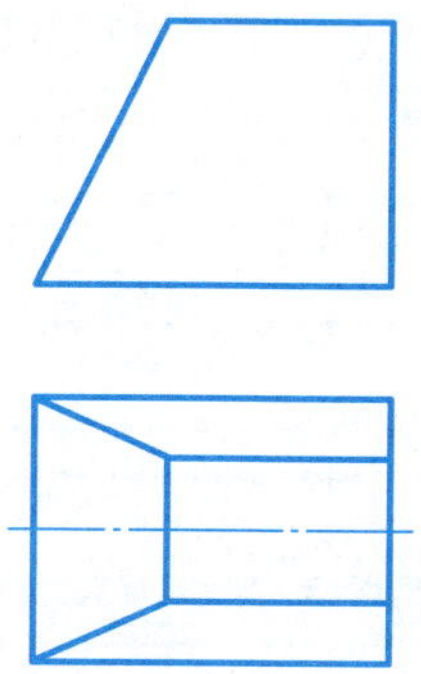

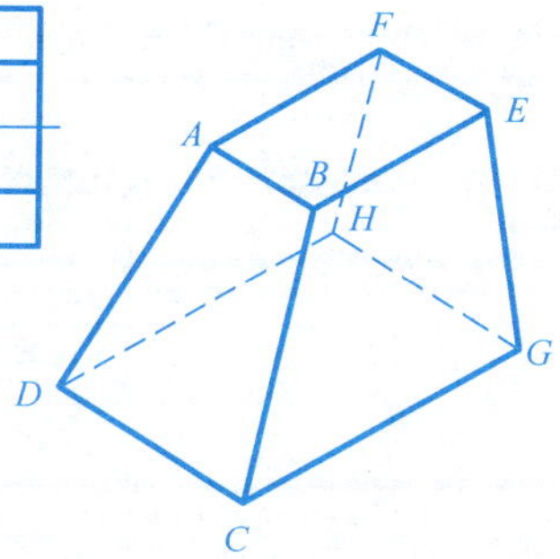

AB 是________线，*BC* 是________线，

BE 是________线，*EG* 是________线。

班级　　　　　　姓名　　　　　　学号

3-5　直线的投影(二)

1. 作直线 AB 的 H 面投影,并标出它与 V、W 面的倾角 β 和 γ。

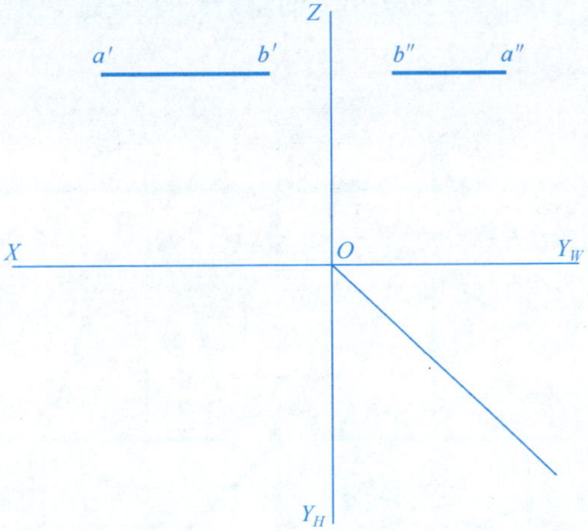

2. 求作正平线 CD 的三面投影,已知 CD 长 25 mm,与 H 面倾角为 30°。

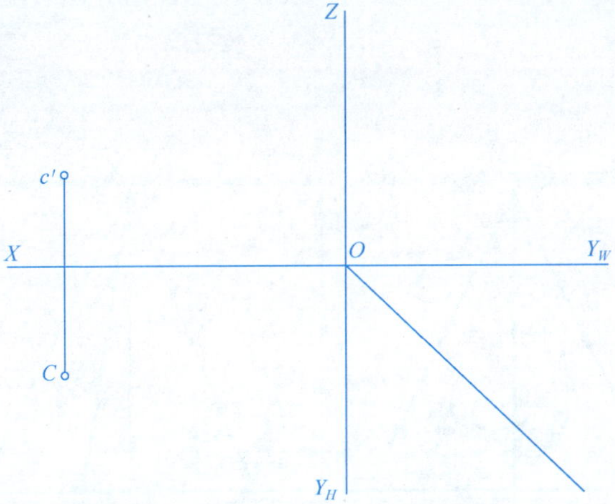

3. 求侧垂线 AB 的三面投影,已知 AB 长 30 mm,距 V 面 15 mm,距 H 面 20 mm,端点 A 距 W 面 40 mm。

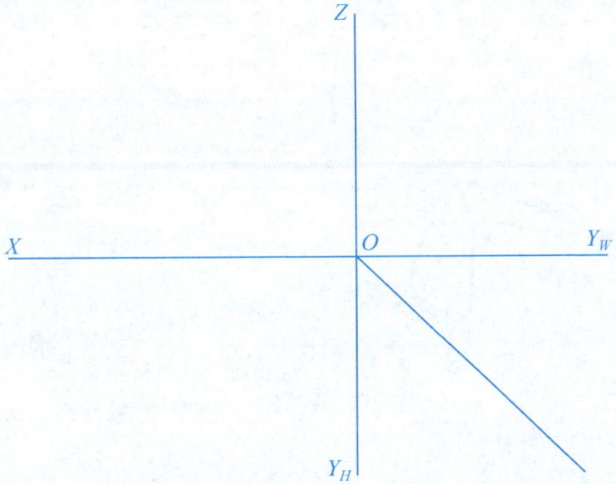

4. 已知直线 AB 的两面投影。(1)完成其第三面投影;(2)设直线 AB 上一点 C 距 H 面 25 mm,完成点 C 的三面投影。

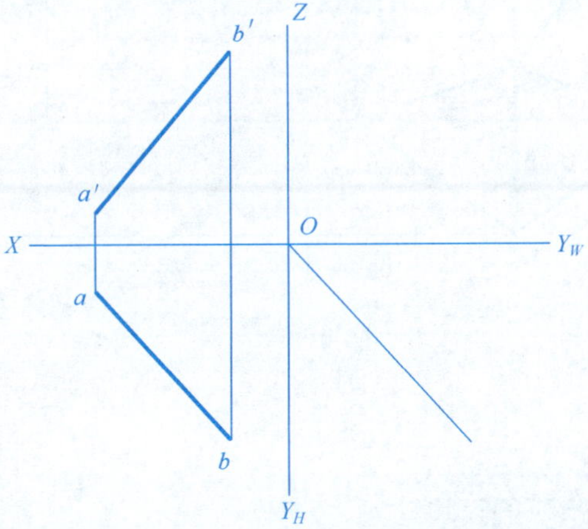

班级　　　　姓名　　　　学号

3-6 直线的投影(三)

1. 试作图判别点 M 是否在正五棱锥的棱线 SA 上?又已知点 N 在棱线 SA 上,试根据 n 求作 n'、n''。

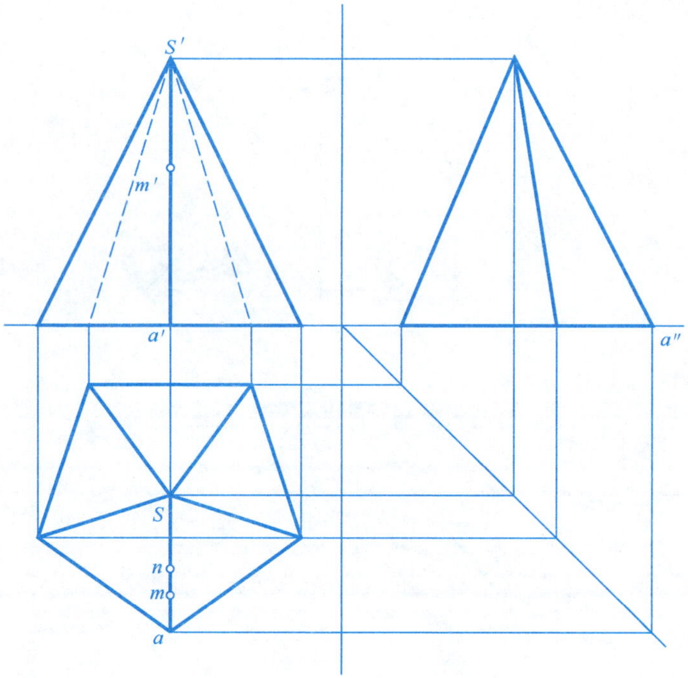

答:点 M(在、不在)SA 上

2. 已知 Ⅰ、Ⅱ、Ⅲ三点分别在三棱锥的 SA、SB、SC 棱线上,求此三点的水平投影和侧面投影,并将它们的同面投影用直线连接起来。并判断 ⅠA、ⅡB、ⅢC 直线的空间位置。

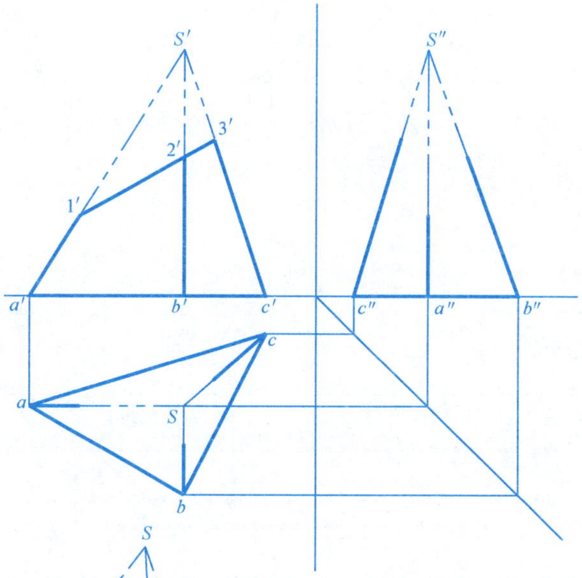

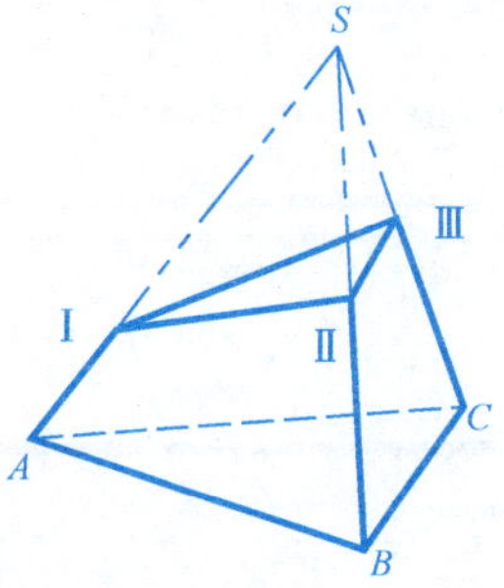

ⅠA 是＿＿＿＿＿线

ⅡB 是＿＿＿＿＿线

ⅢC 是＿＿＿＿＿线

班级　　　　姓名　　　　学号

3-7 直线的投影(四)

1. 已知 AB 平行 CD,补全其两面投影。

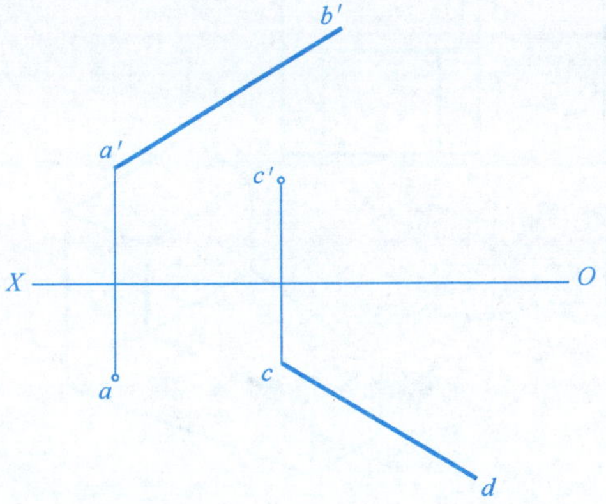

2. 过点 C 作直线 CD 与直线 AB 相交,交点距 V 面 15 mm。

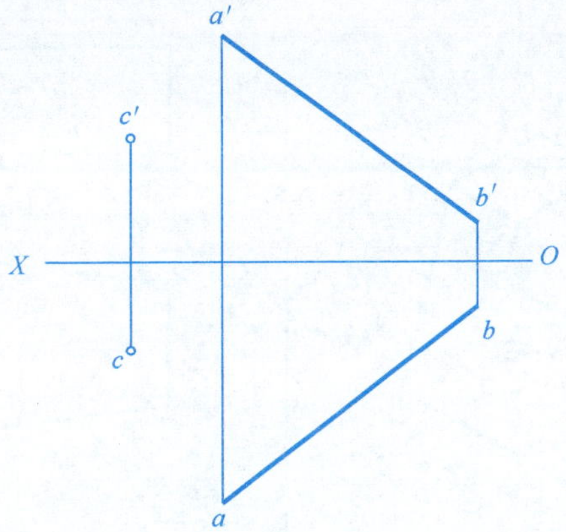

3. 作直线 MN 平行 AB,且与 CD、EF 相交。

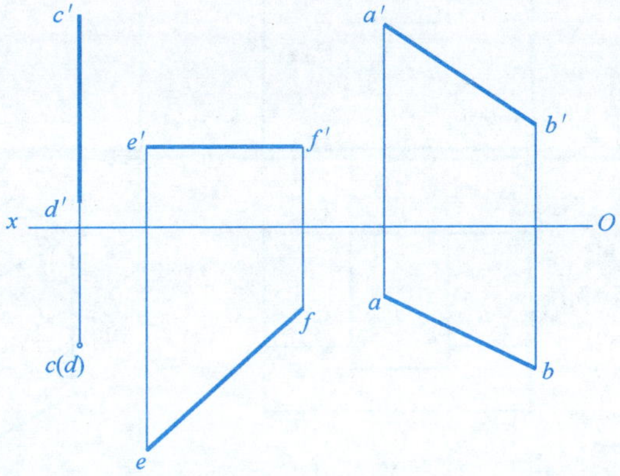

4. 判断两直线的相对位置。

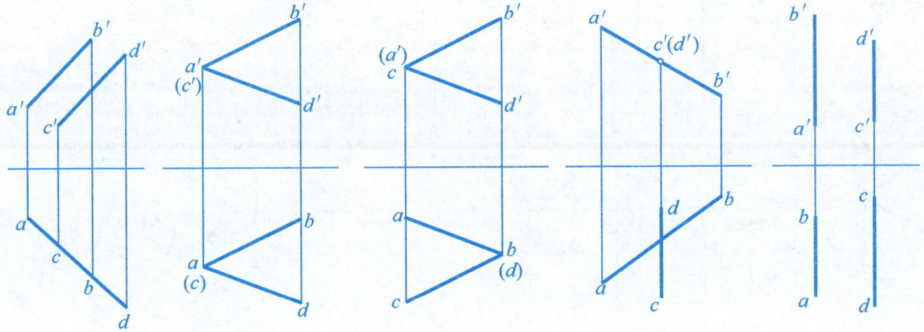

(   )   (   )   (   )   (   )   (   )

5. 用字母标出交叉两直线重影点的投影。

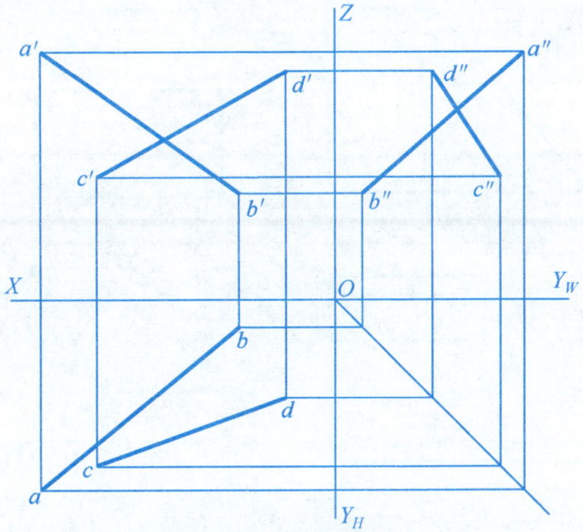

班级   姓名   学号

3-8 平面的投影(一)——标出平面Ⅰ和Ⅱ的视图投影,判断空间位置

1.

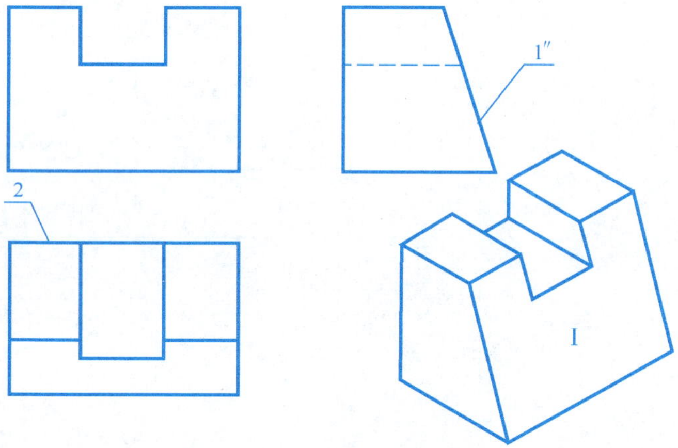

平面Ⅰ是________面,平面Ⅱ是________面

2.

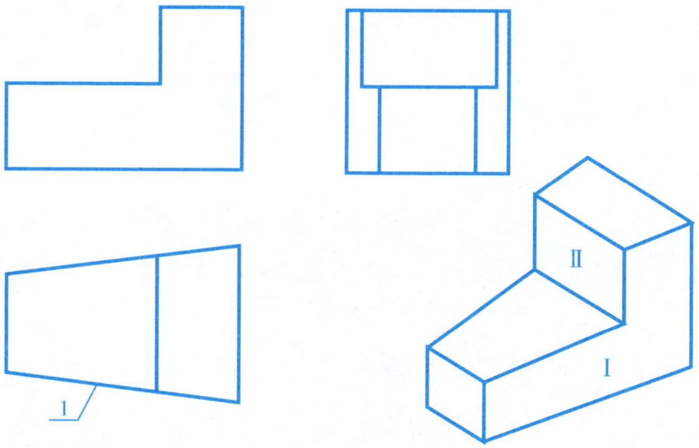

平面Ⅰ是________面,平面Ⅱ是________面

3.

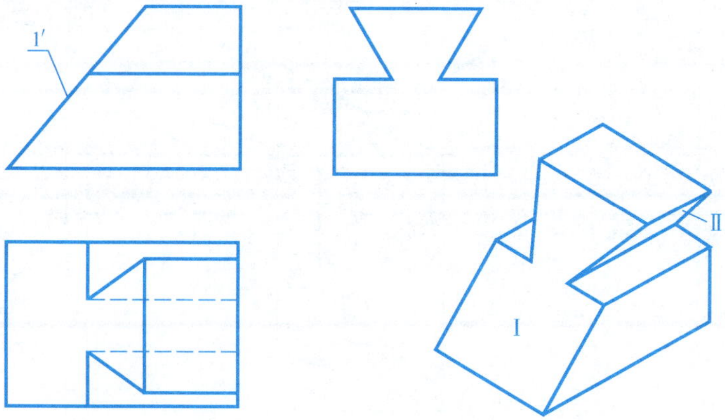

平面Ⅰ是________面,平面Ⅱ是________面

4.

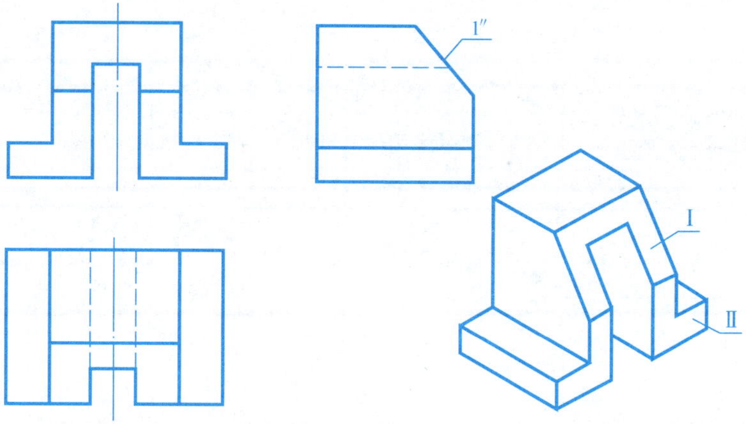

平面Ⅰ是________面,平面Ⅱ是________面

班级　　　　姓名　　　　学号

3-9　平面的投影(二)——根据平面图形的两面投影，求作第三面投影，判断与投影面的相对位置，并填空

1.

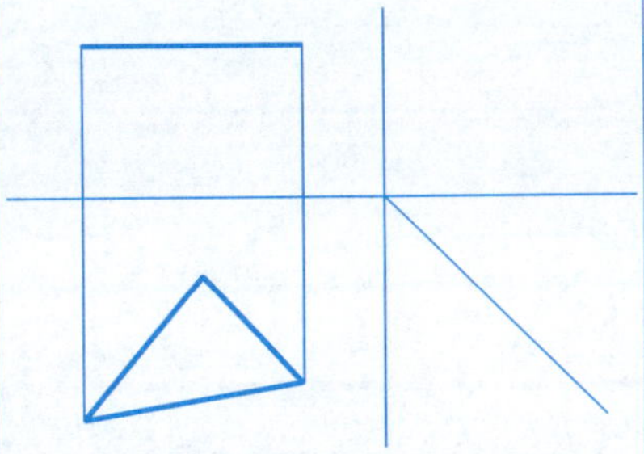

(　　　　)平面

2.

(　　　　)平面

3.

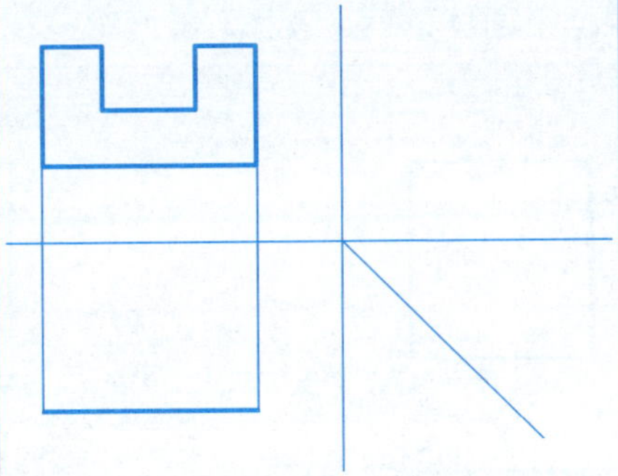

(　　　　)平面

4.

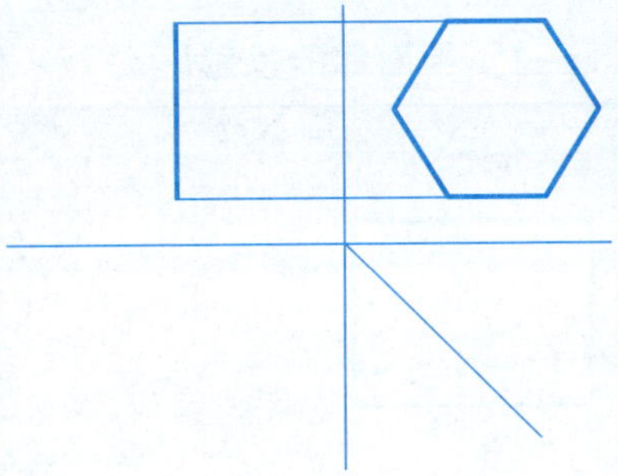

(　　　　)平面

5.

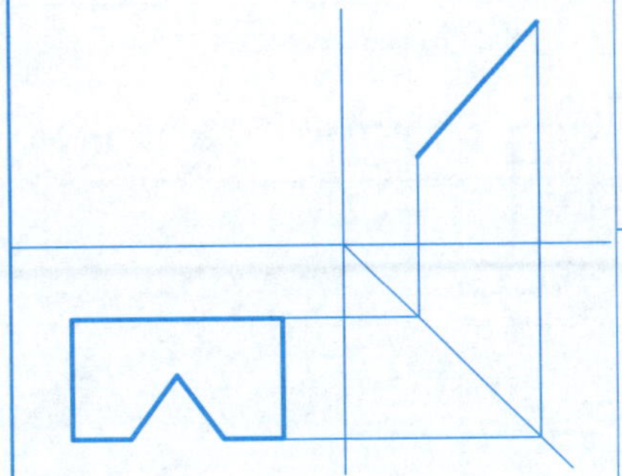

(　　　　)平面

6.

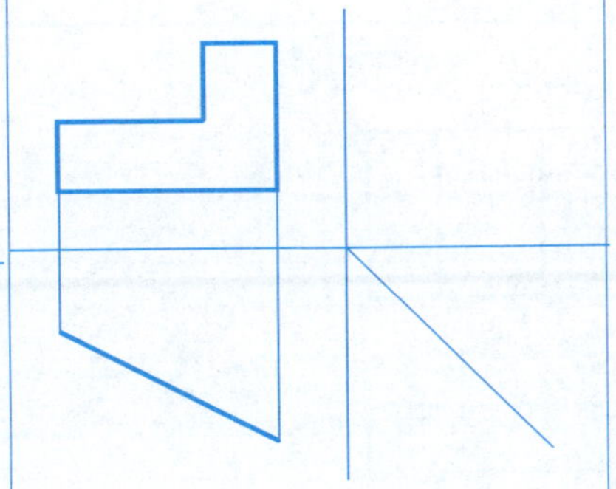

(　　　　)平面

7.

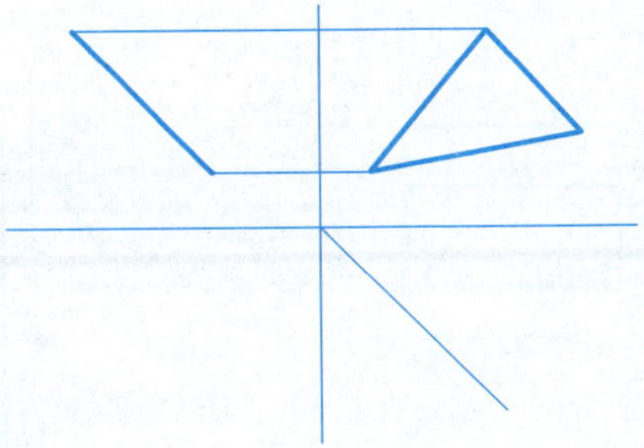

(　　　　)平面

8.

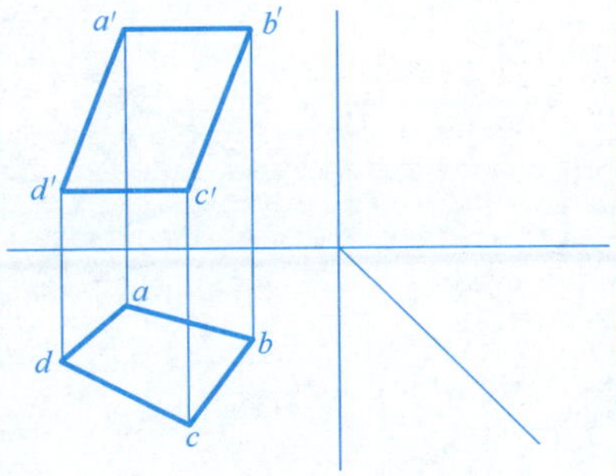

(　　　　)平面

班级　　　　姓名　　　　学号

第4章　基本体的投影

4-1　平面体的投影(一)——根据平面体的两个视图，补画第三视图

1.

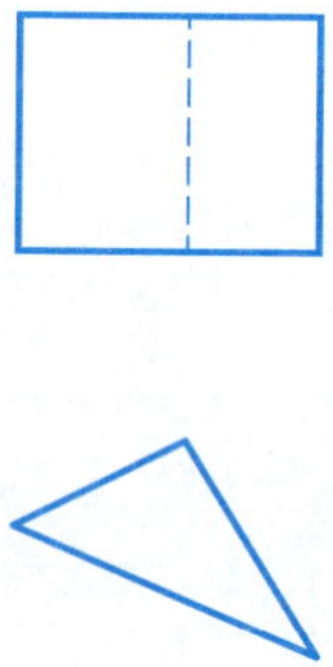

2.

3.

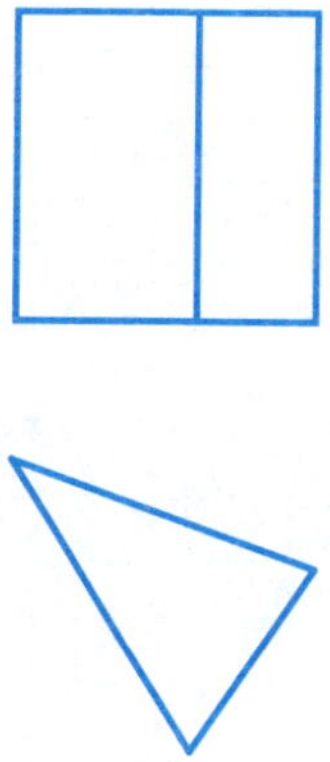

4.

5.

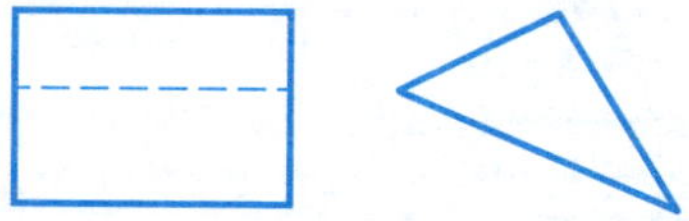

6.

7.

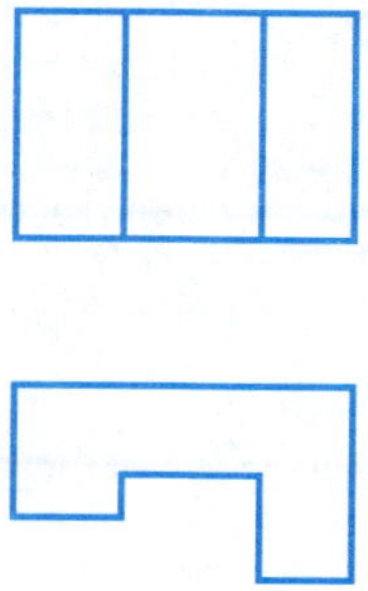

8.

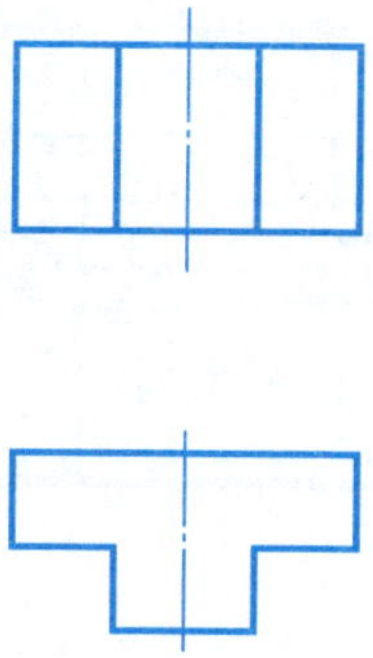

班级　　　　姓名　　　　学号

4-2 平面体的投影(二)——根据平面体的两个视图，补画第三视图，并作出 13~15 题立体表面上点 *M*、*N* 的另两个投影

9.

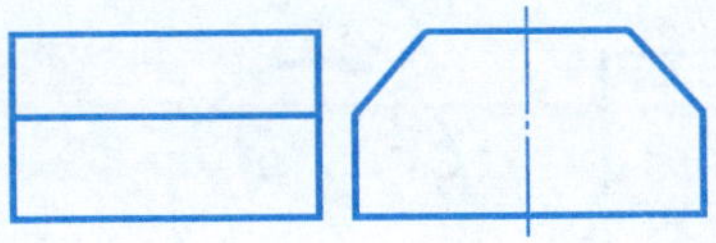

10.

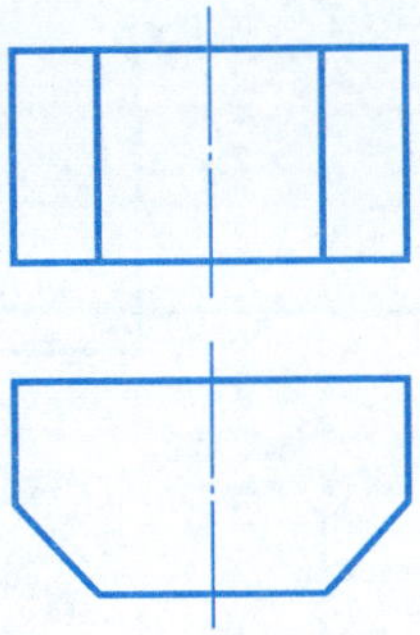

11.

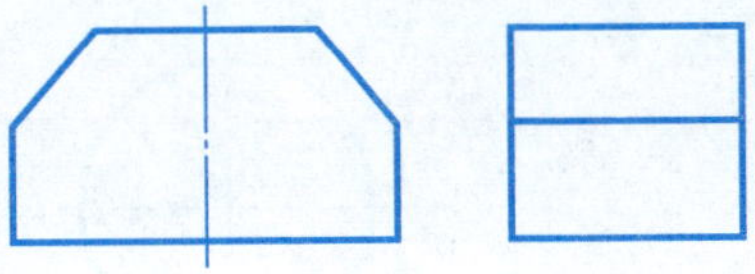

12.

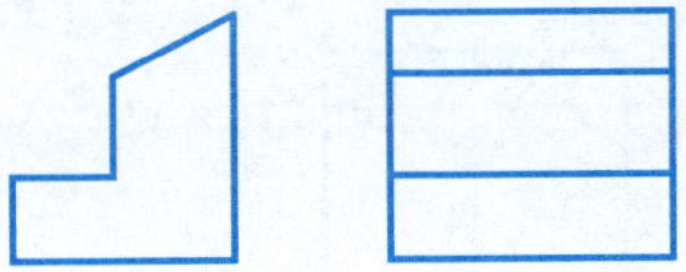

13.

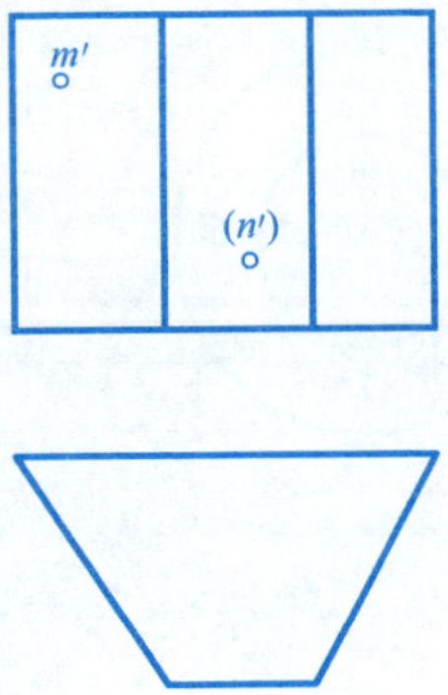

14.

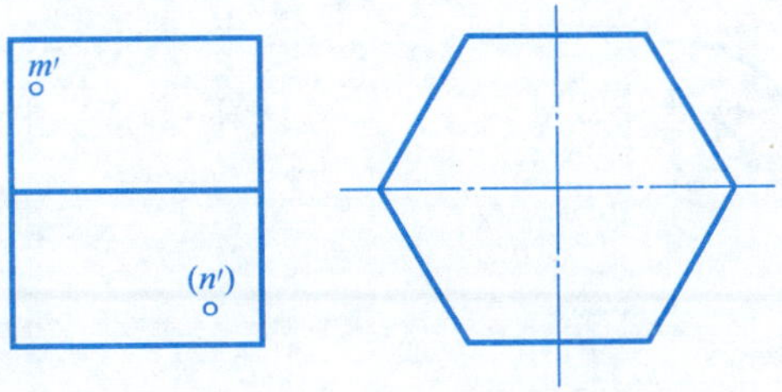

15.

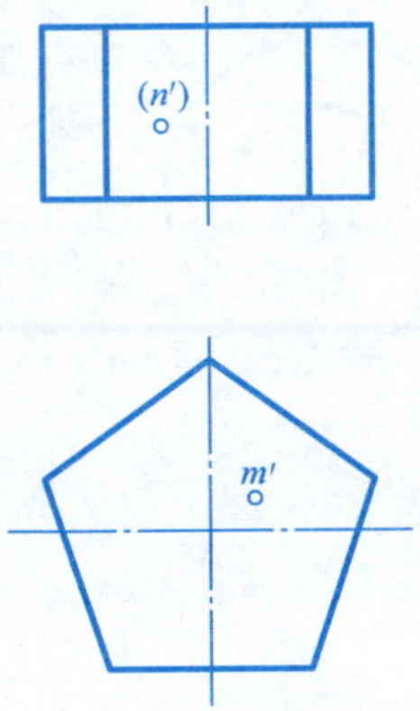

班级　　　　姓名　　　　学号

4-3 曲面体的投影(一)——根据曲面体的两个视图,补画第三视图

1.

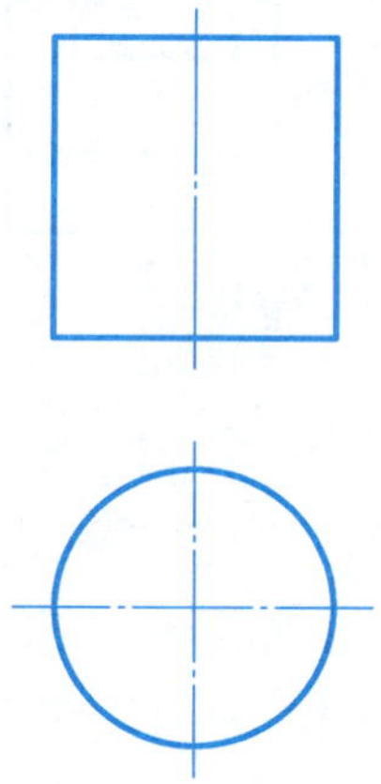

2.

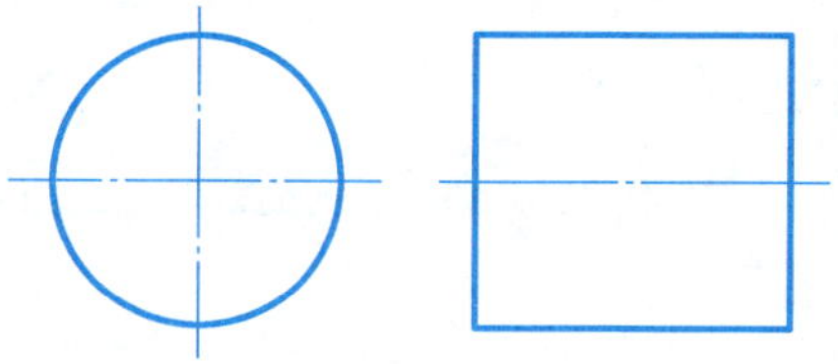

3.

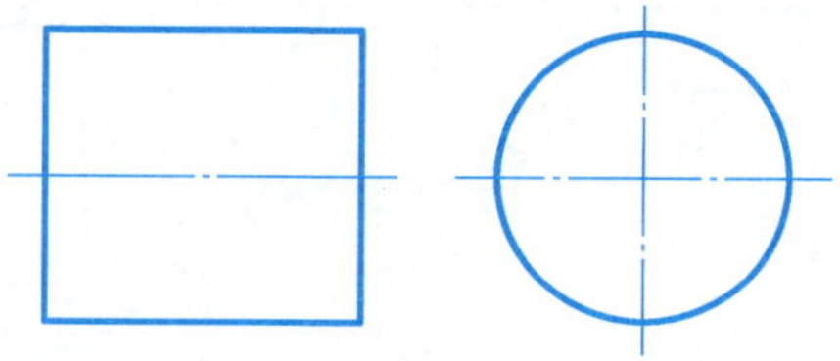

4.

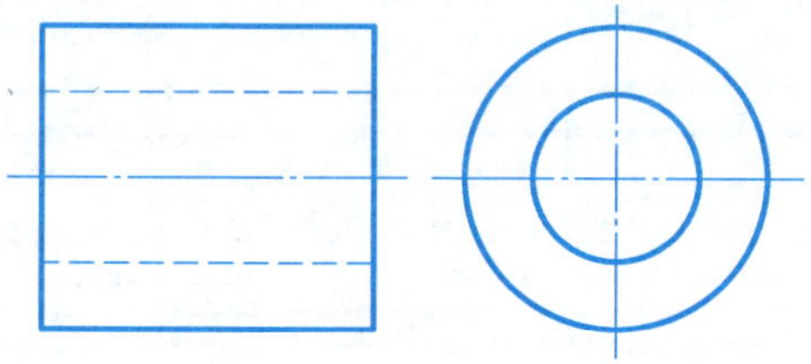

5.

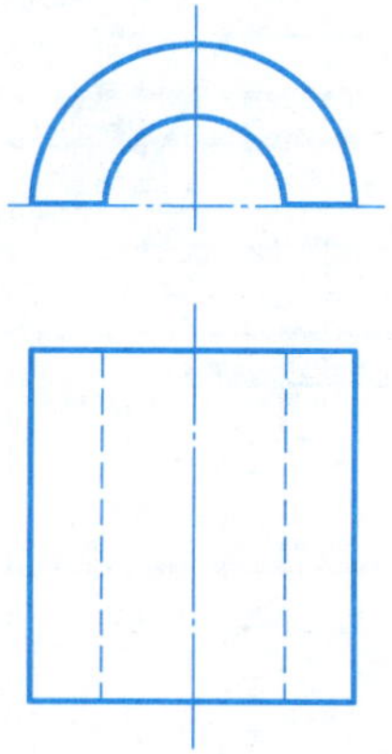

6.

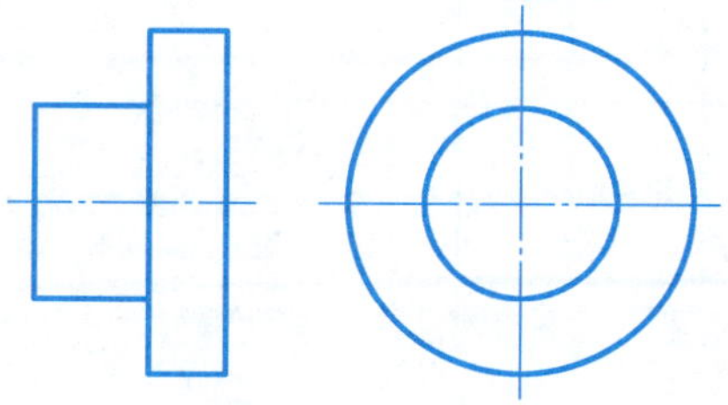

班级　　　　姓名　　　　学号

4-4 曲面体的投影(二)——已知回转体表面上点的一面投影，求作另两面投影，并说明它们的空间位置

1.

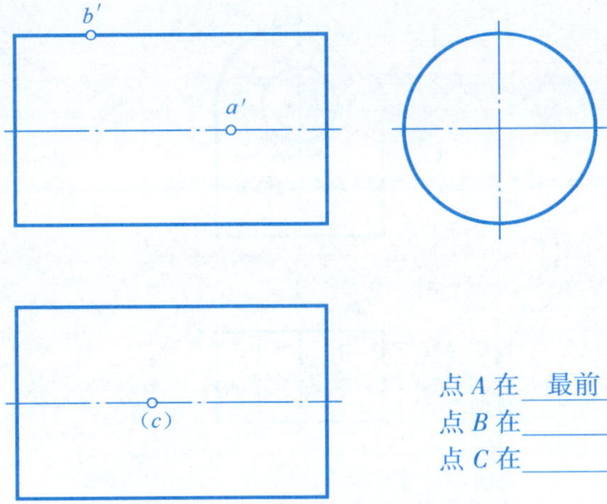

点 A 在__最前__素线上

点 B 在________素线上

点 C 在________素线上

2.

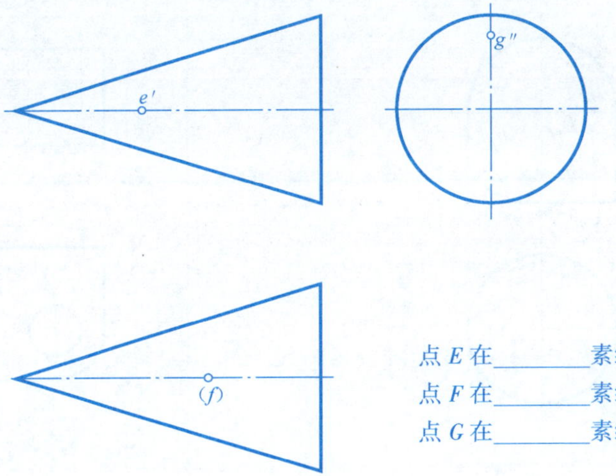

点 E 在________素线上

点 F 在________素线上

点 G 在________素线上

3.

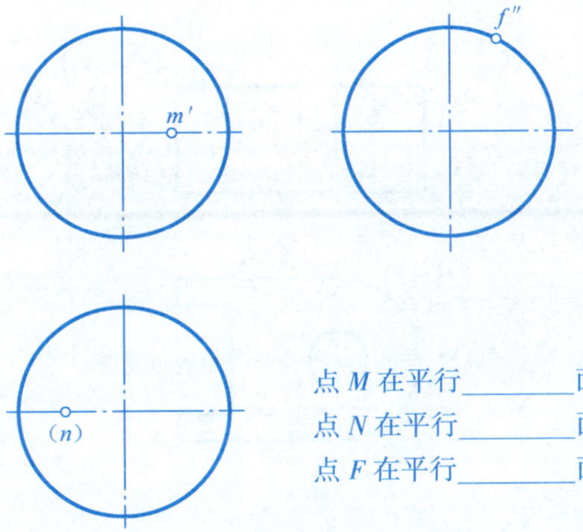

点 M 在平行________面的圆素线上

点 N 在平行________面的圆素线上

点 F 在平行________面的圆素线上

4.

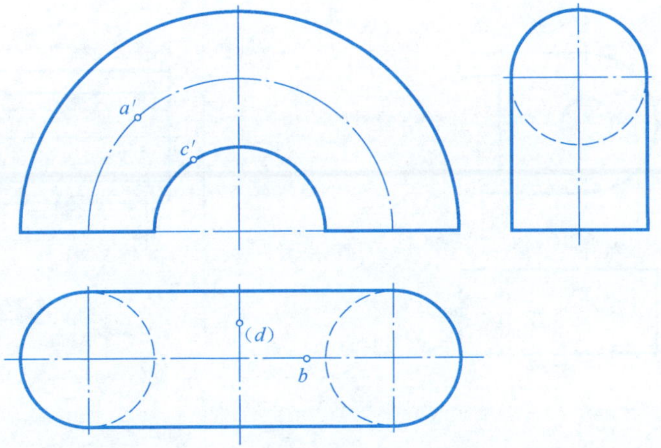

班级　　　　姓名　　　　学号

4-5 柱体的投影(一)——根据柱体的两个视图，补画第三视图

1.

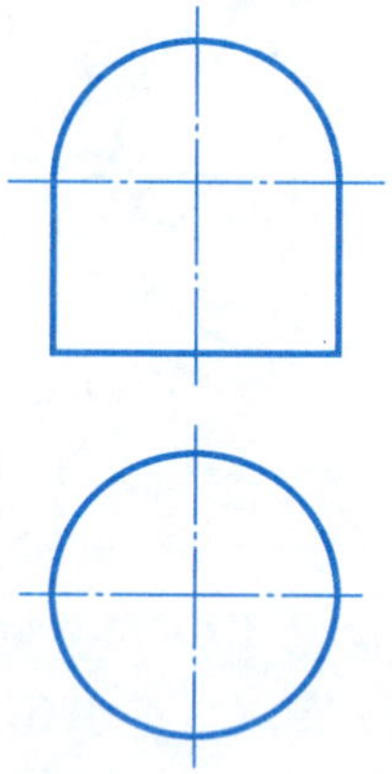

2.

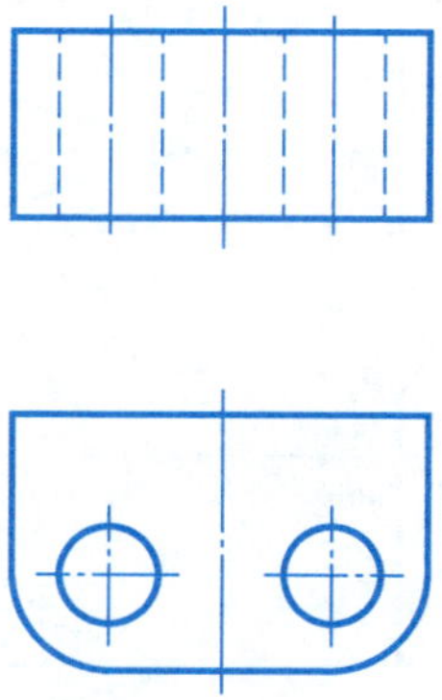

3.

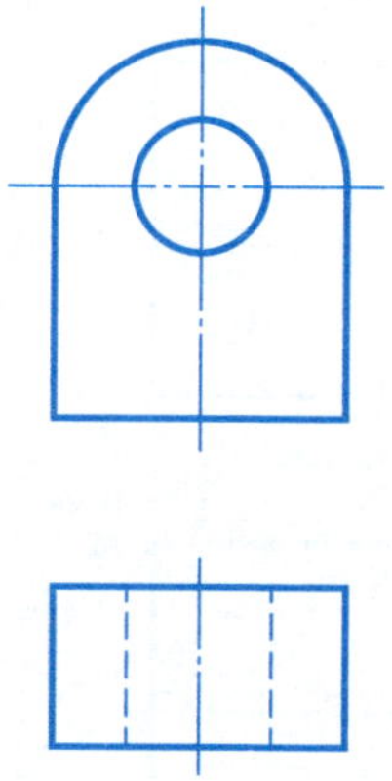

4.

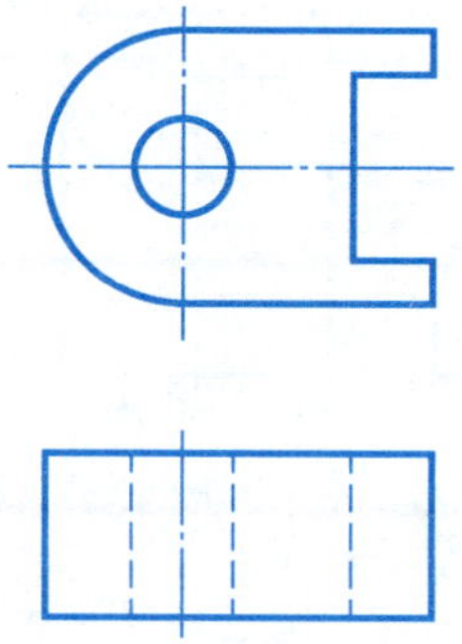

5.

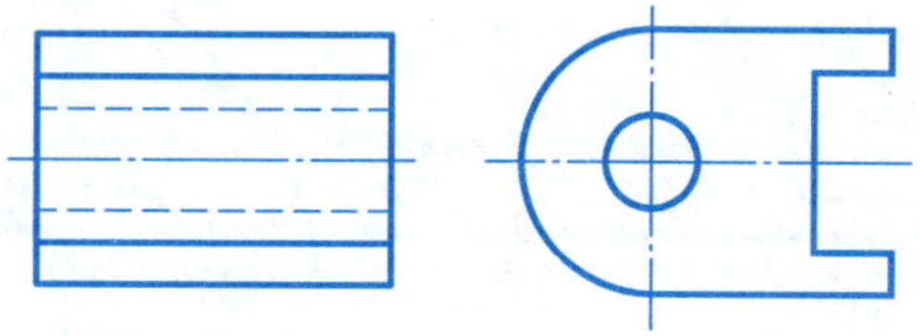

6.

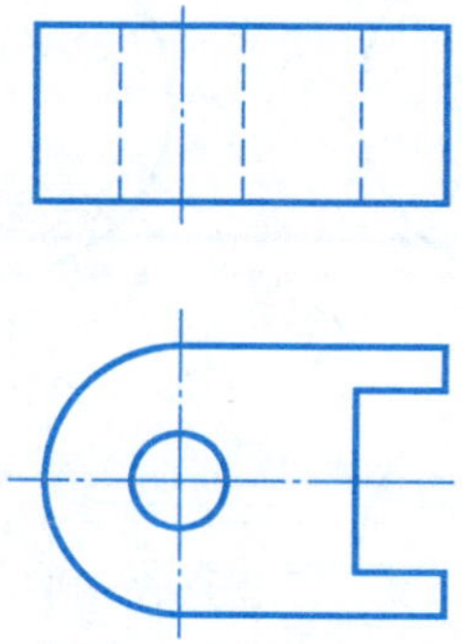

班级　　　　姓名　　　　学号

4-6　柱体的投影(二)——根据柱体的两个视图，补画第三视图

7.

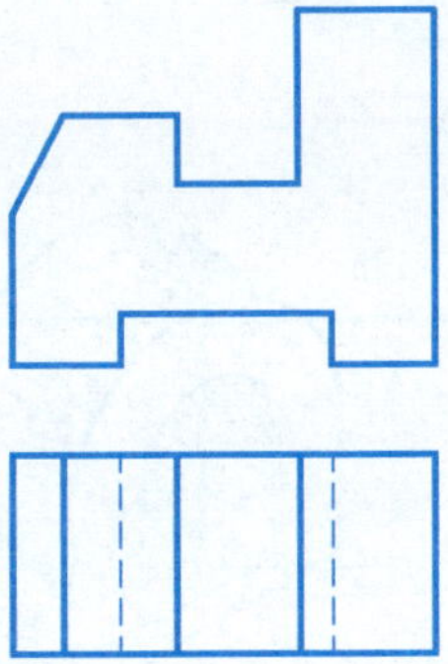

8.

9.

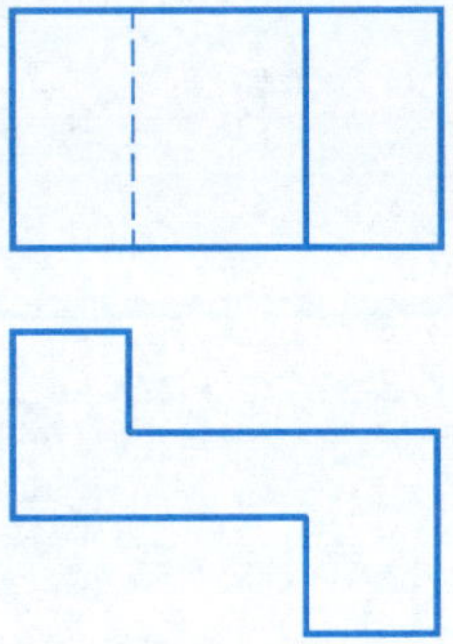

10.

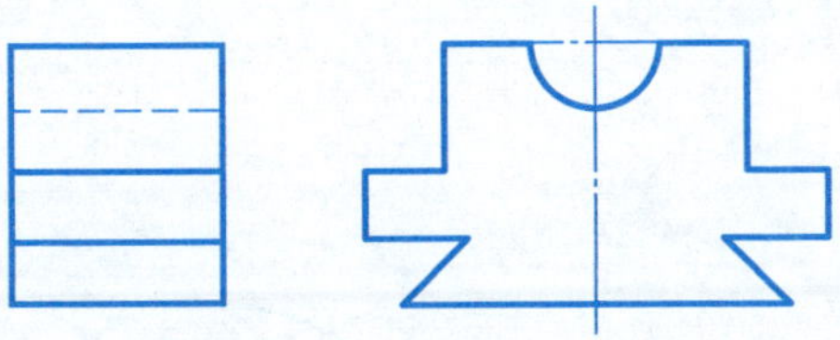

11.

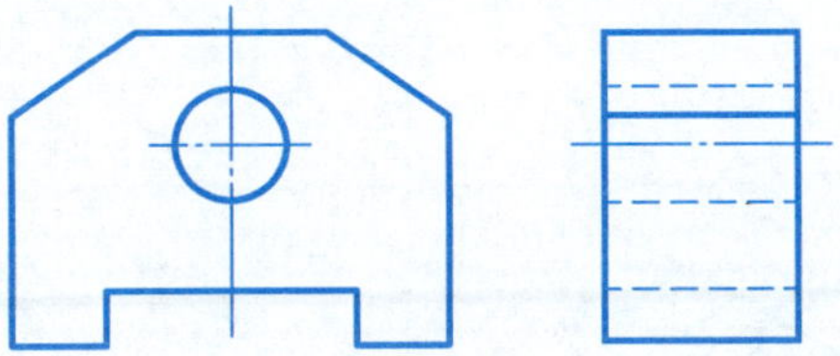

12.

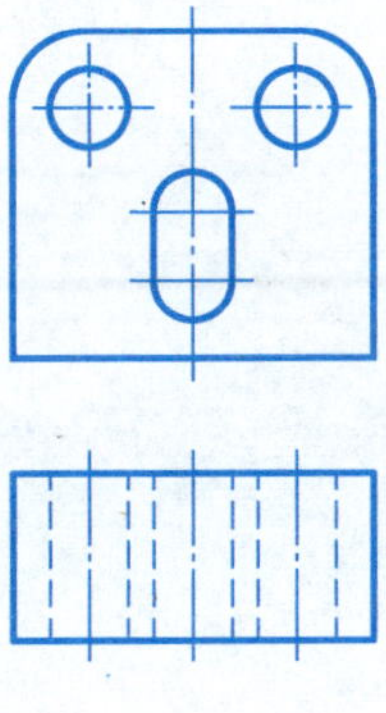

班级　　　　姓名　　　　学号

4-7 基本体的投影——根据立体图，按 1∶1 尺寸画基本体三视图

1.

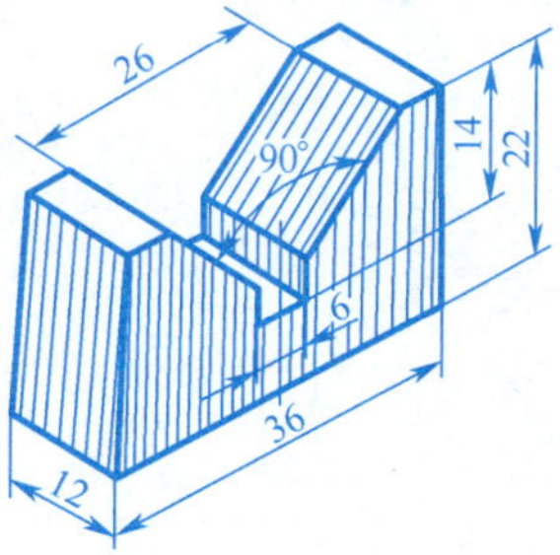

2.

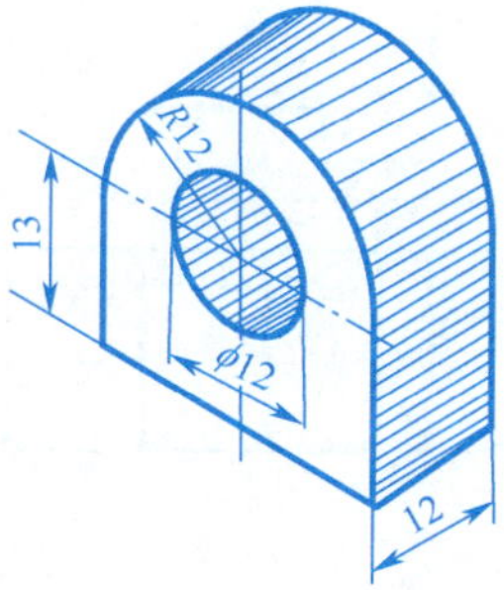

3.

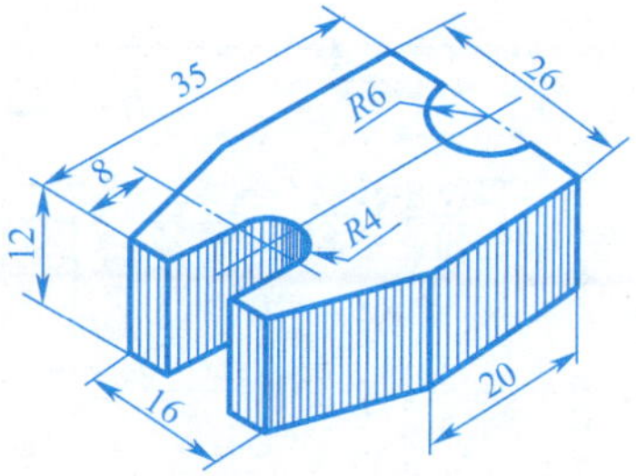

4.

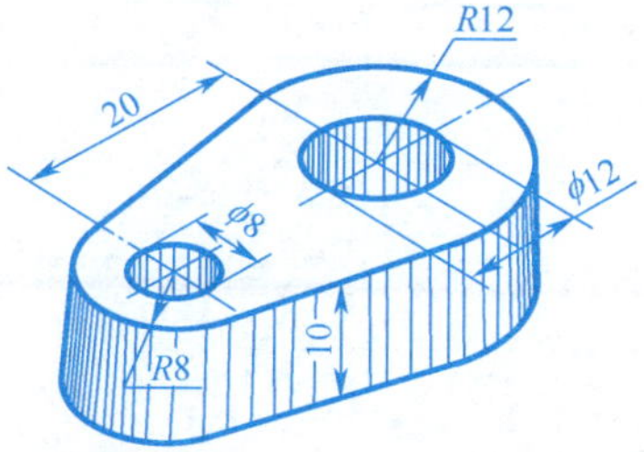

班级　　　　　　　　姓名　　　　　　　　学号

4-8 平面体的切割(一)——根据两视图,分析截交线的投影,参照立体图补画第三视图

1.

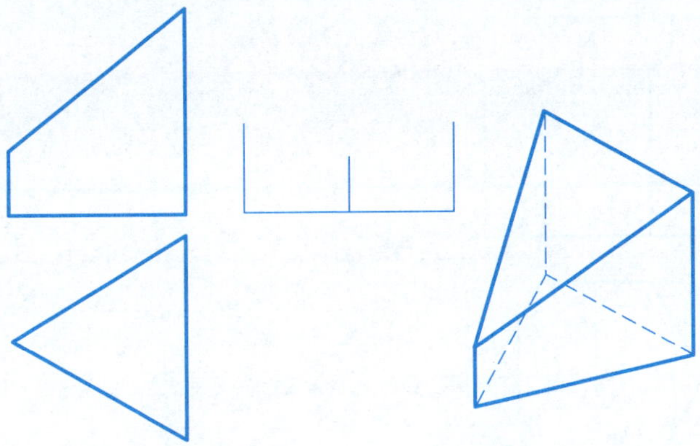

2.

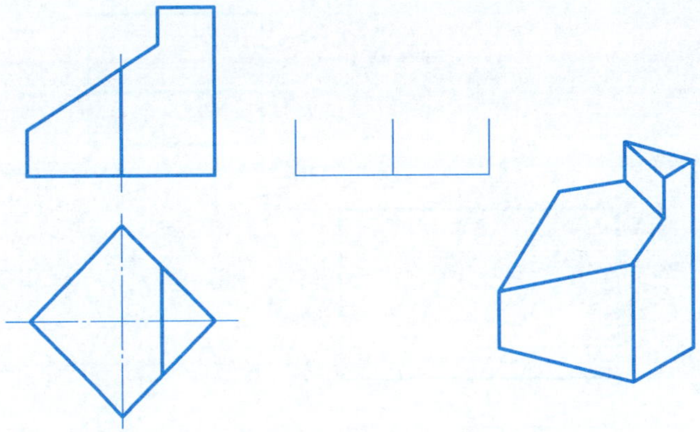

3.

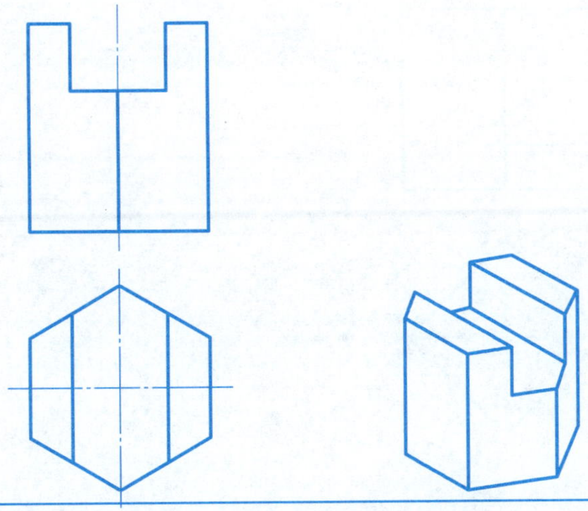

4.

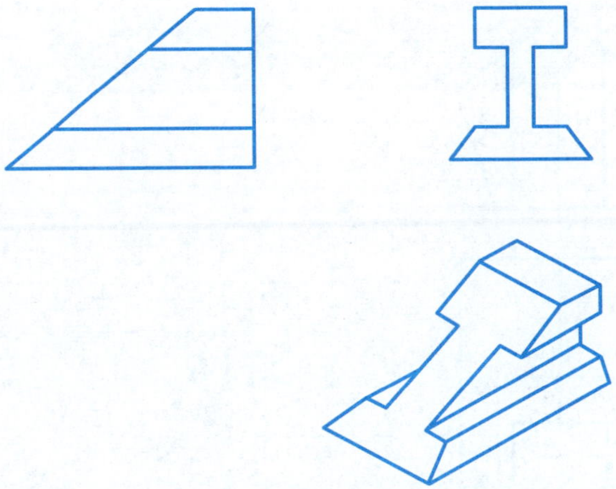

班级　　　　姓名　　　　学号

4-9 平面体的切割(二)——根据给出的视图,补画缺线或补画视图,完成三视图

1.

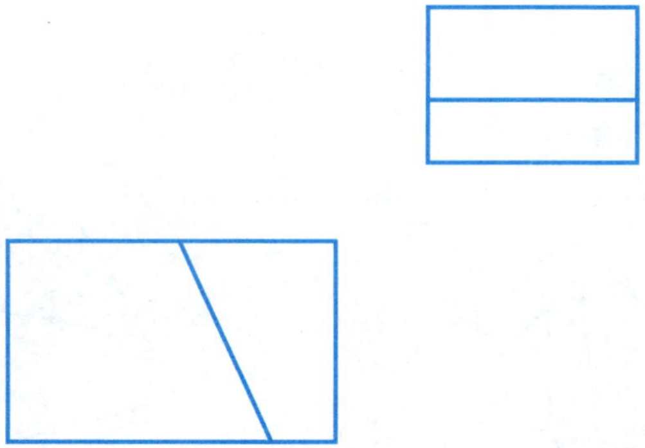

2.

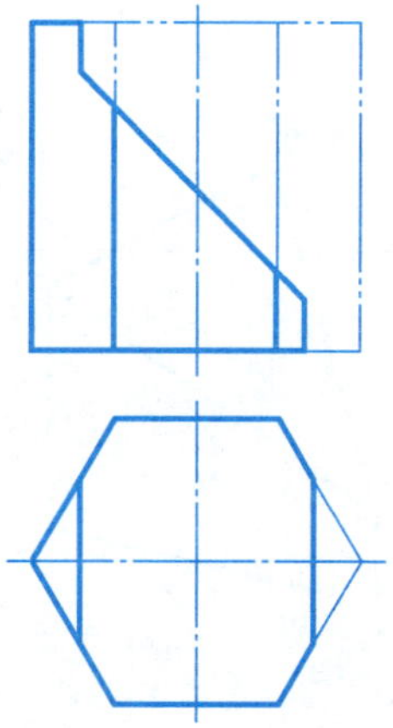

3.

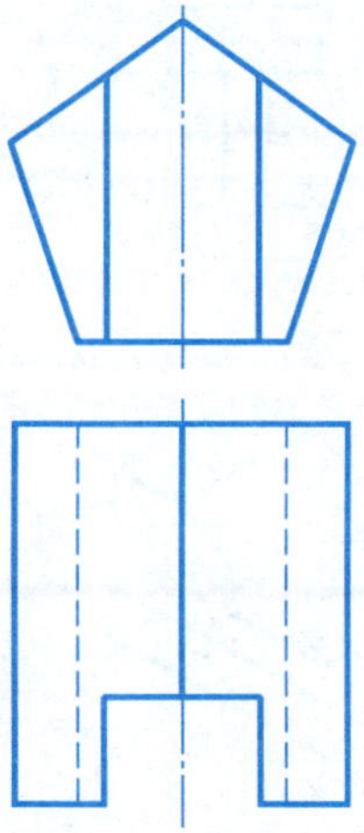

4.

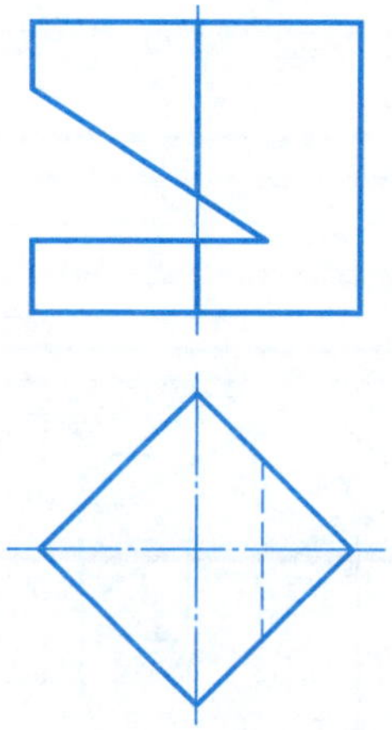

班级　　　　姓名　　　　学号

4-10 平面体的切割(三)——根据给出的视图,补画缺线或补画视图,完成三视图

1.

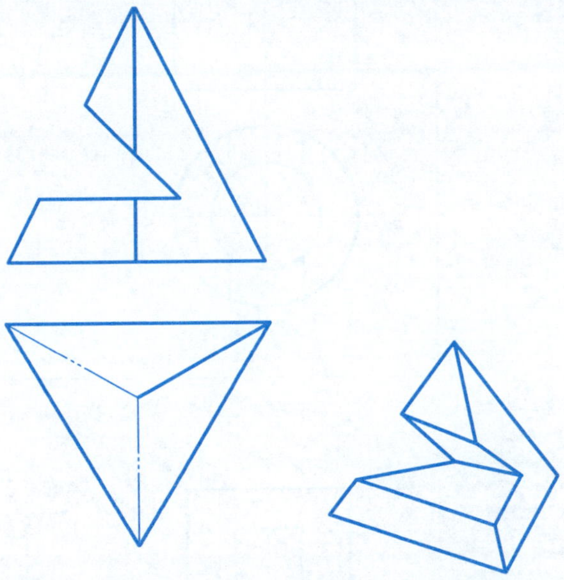

2.

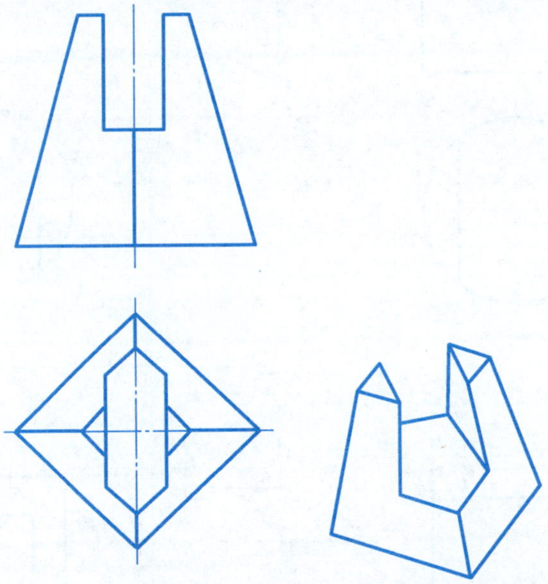

班级 姓名 学号

4-11 曲面体的切割(一)——根据两视图,完成第三视图

1.

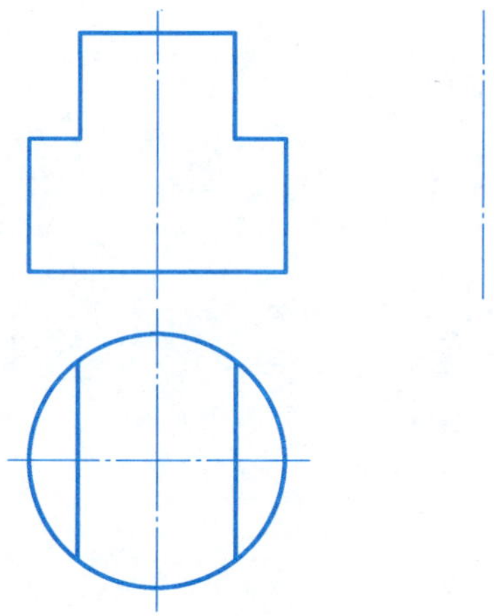

2.

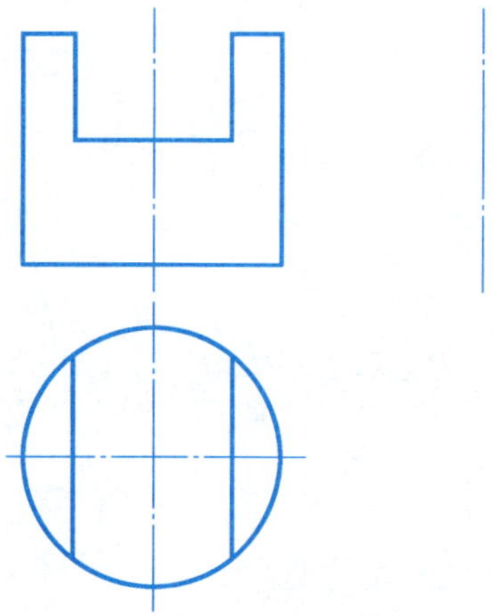

3.

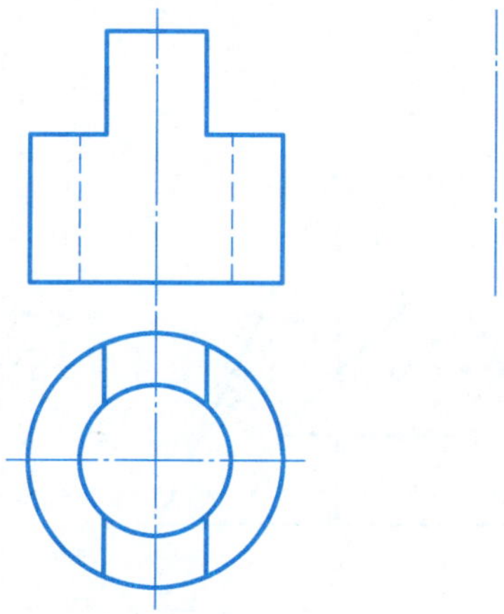

4.

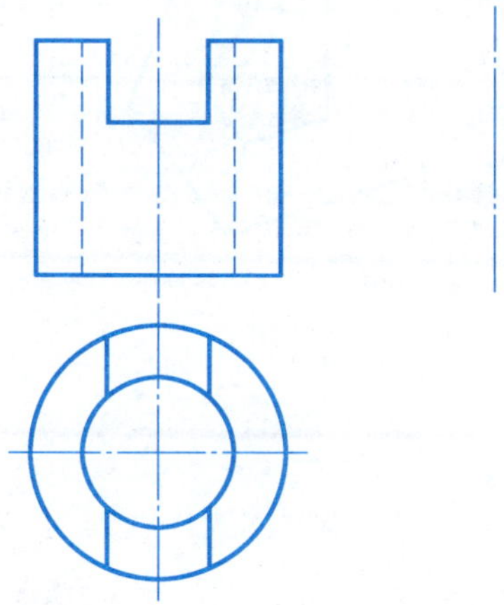

5.

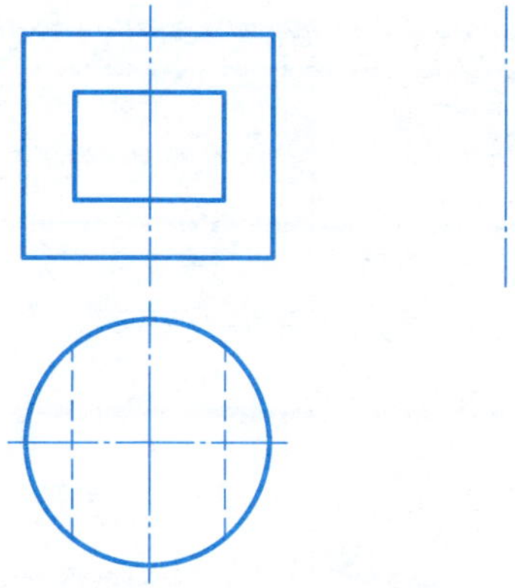

6.

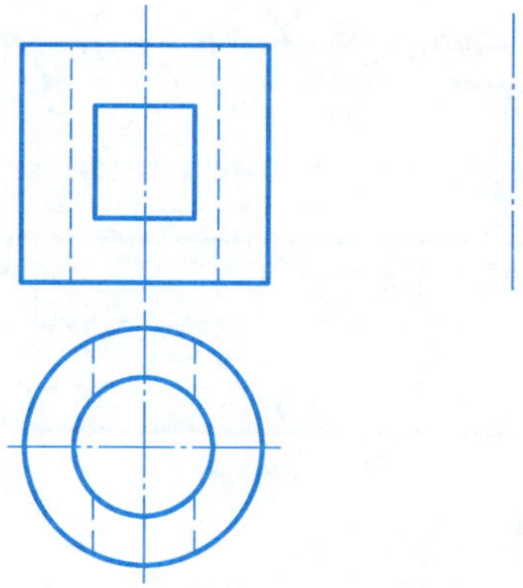

班级　　　　姓名　　　　学号

4-12　曲面体的切割(二)——根据给出的视图,补画缺线或补画视图,完成三视图

1.

2.

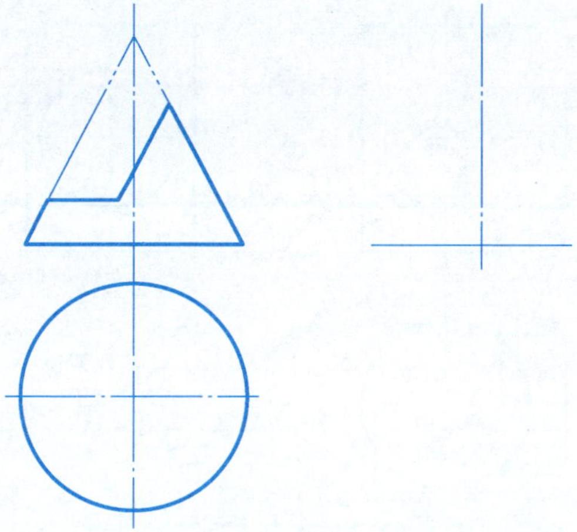

3.

4.

班级　　　　　　姓名　　　　　　学号

4-13　相贯线的投影(一)——用近似法画出相贯线的投影

1.

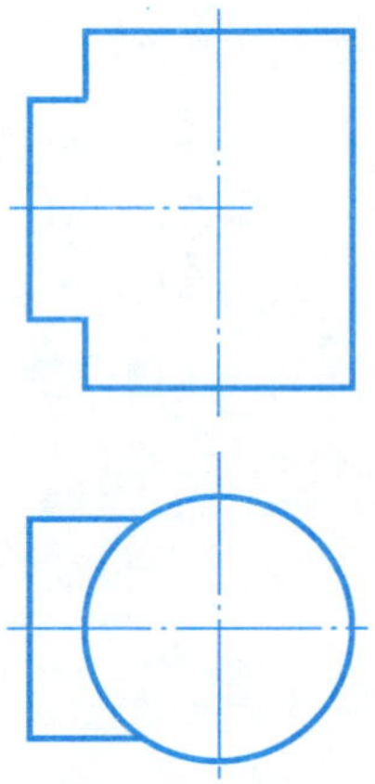

2.

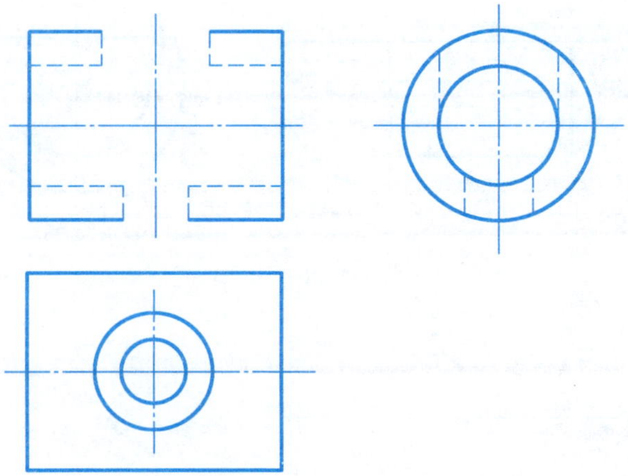

3.

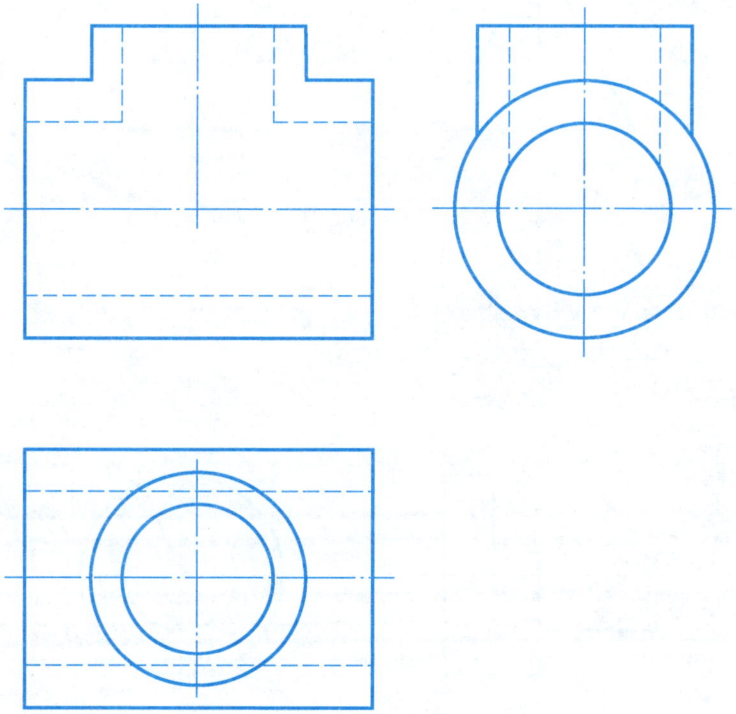

班级　　　　　　姓名　　　　　　学号

4-14 相贯线的投影(二)——相贯线的投影

1. 求相贯线的投影(完成三视图)。

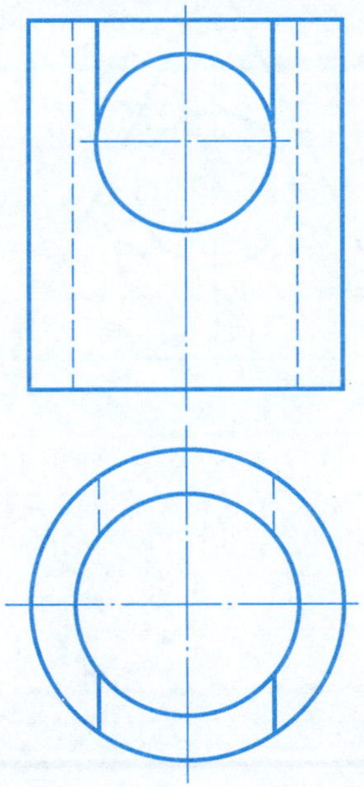

2. 求相贯线的投影(保留作图线)。

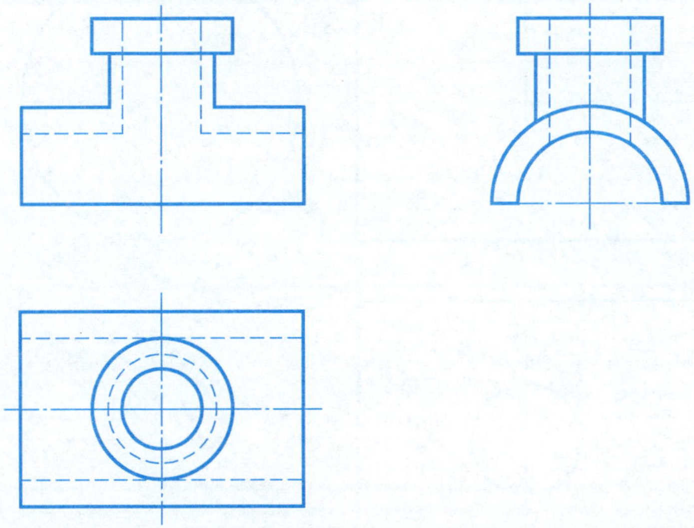

班级　　　　　　　　姓名　　　　　　　　学号

4-15　相贯线的投影(三)——利用辅助平面法求相贯线的投影

1.

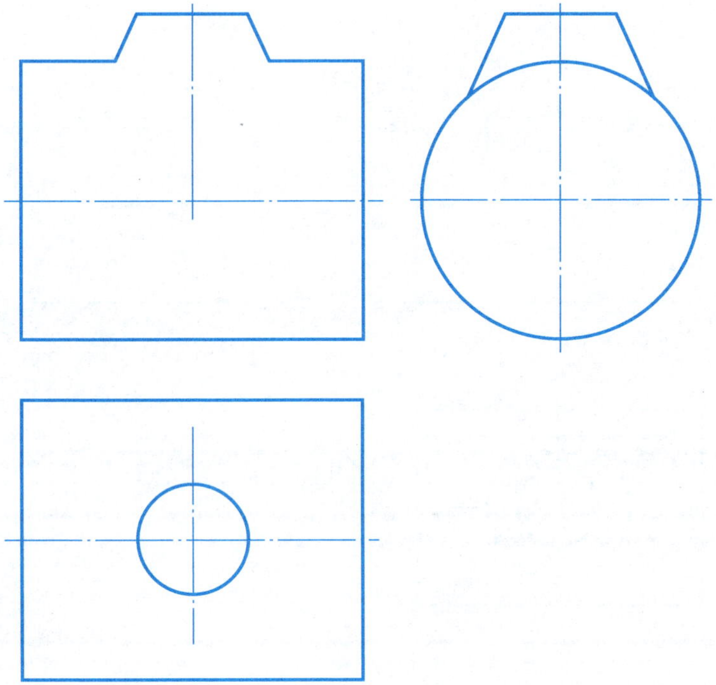

2.

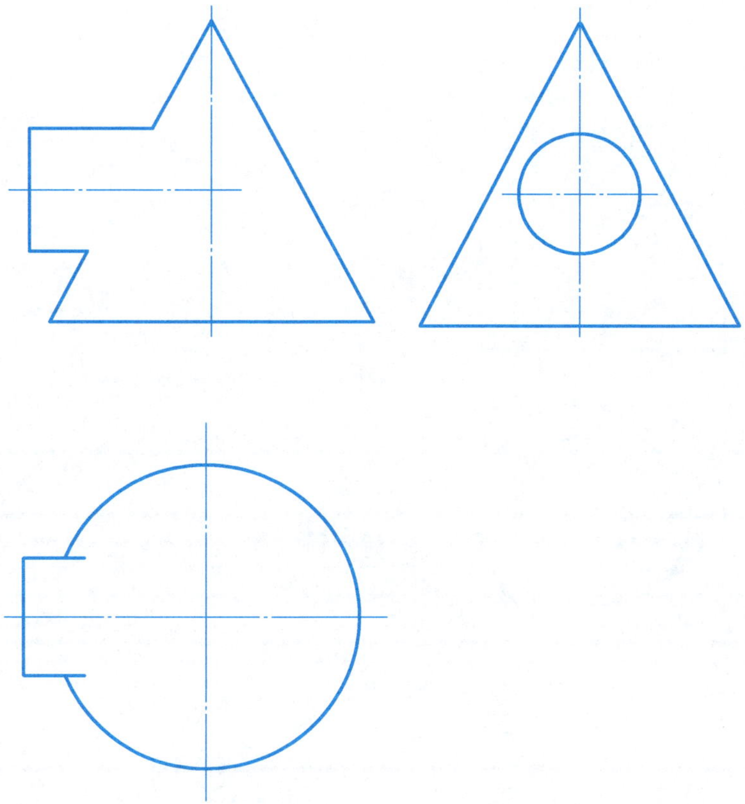

班级　　　　　　姓名　　　　　　学号

第5章　组　合　体

5-1　组合体面与面的关系(一)——补全视图中所缺的图线

1.

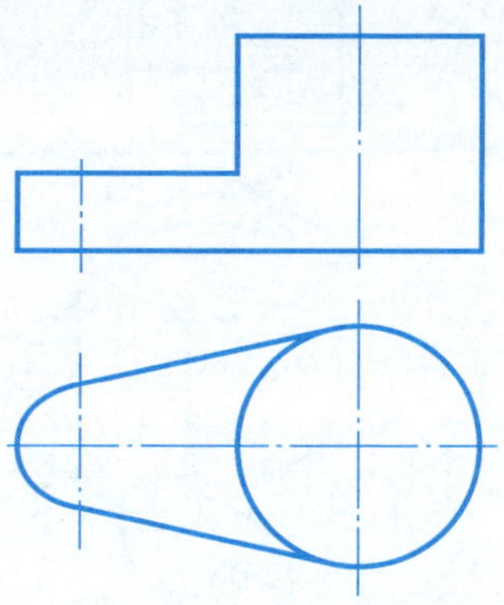

2.

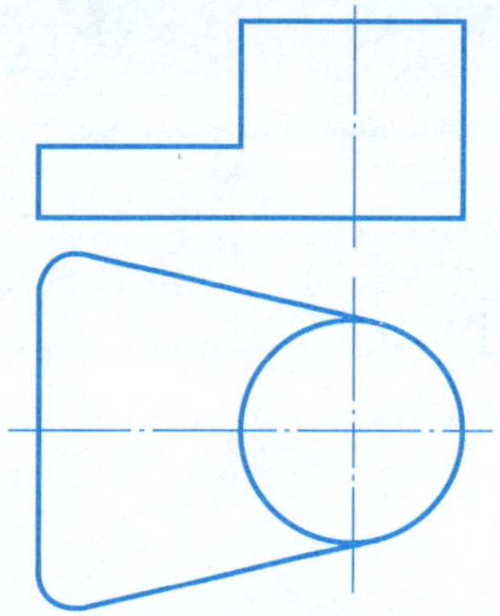

3.

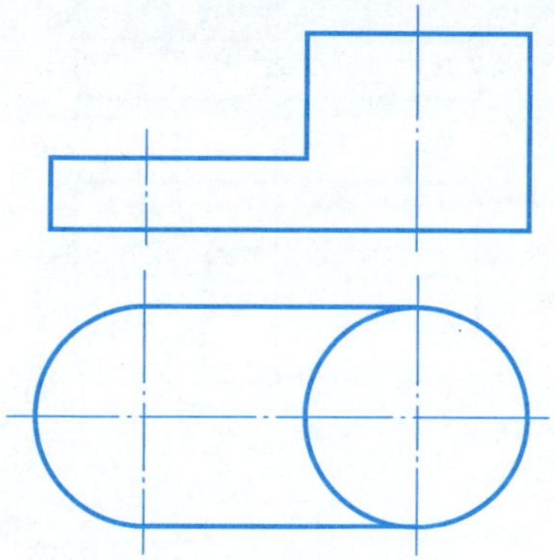

4.

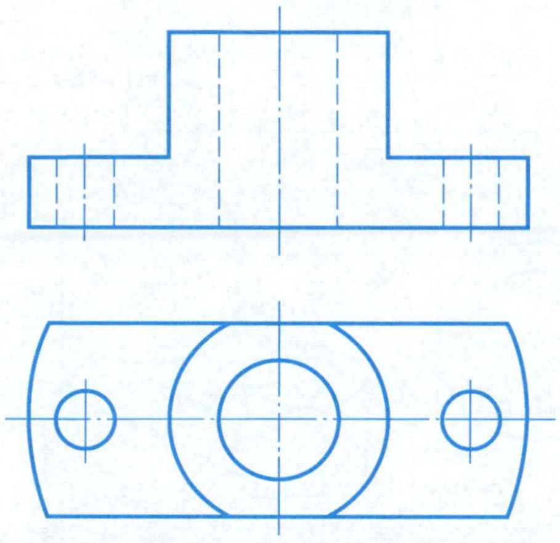

5.

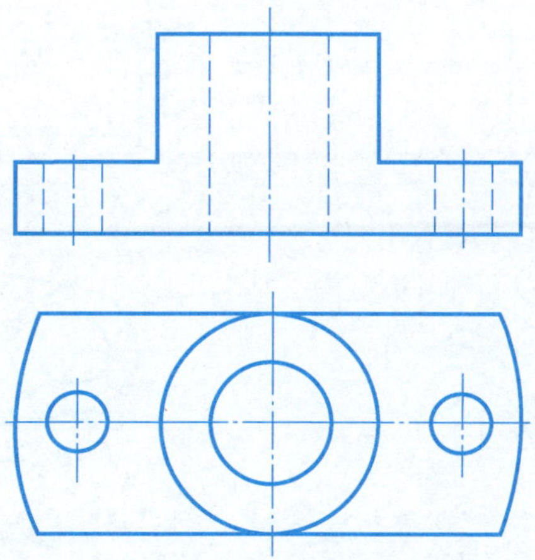

6.

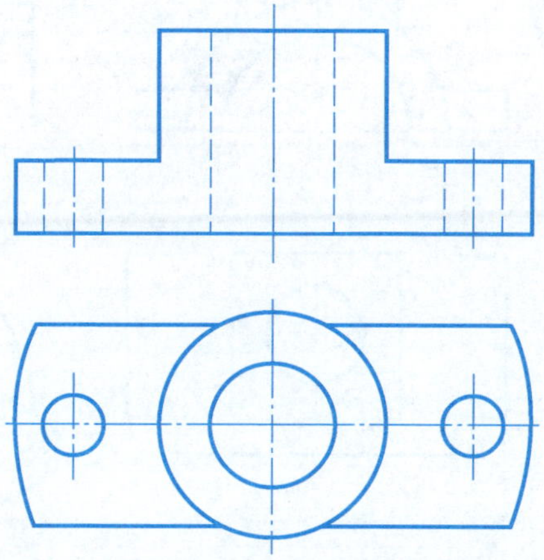

班级　　　　姓名　　　　学号

5-2 组合体面与面的关系(二)——补全视图中所缺的图线

1.

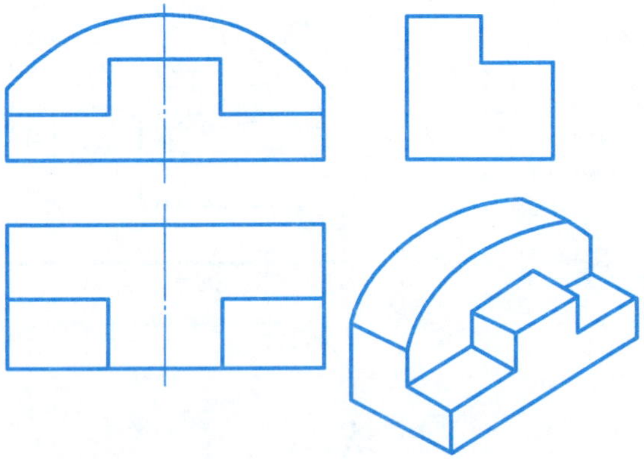

2.

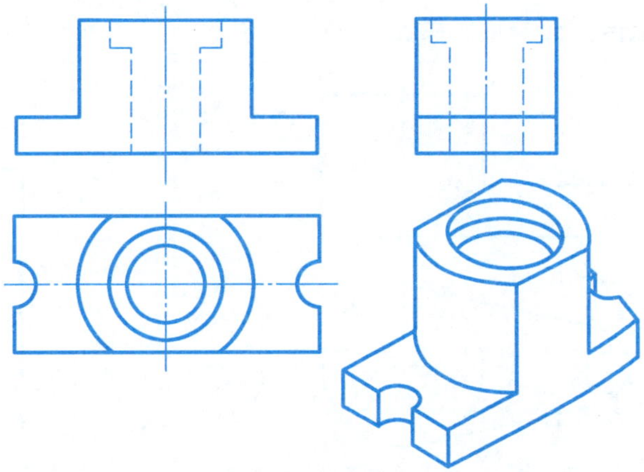

3.

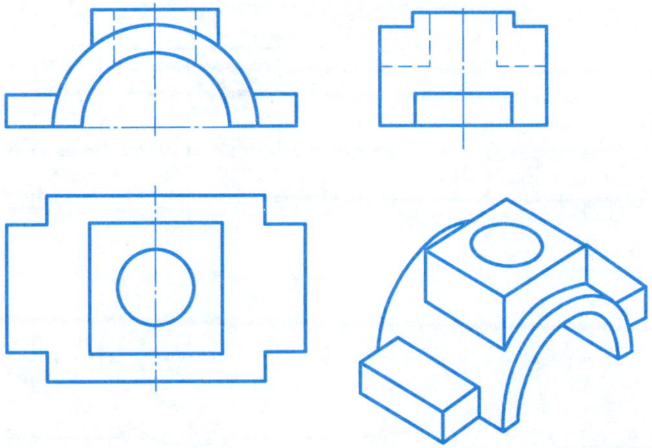

4.

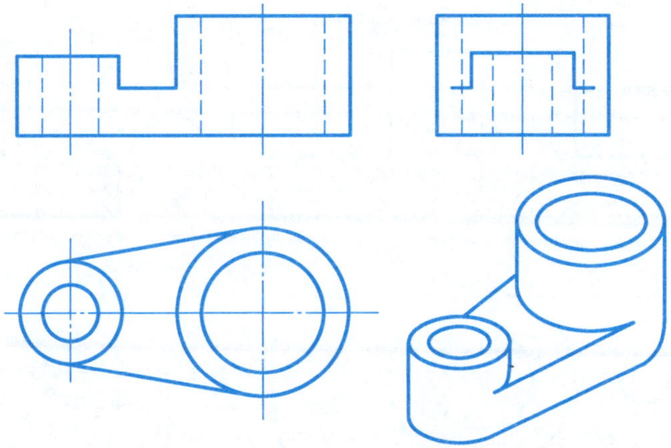

班级　　　　　　姓名　　　　　　学号

5-3　徒手绘图(一)——根据立体图,徒手绘制组合体三视图

班级　　　　　　　　姓名　　　　　　　　学号

5-4 徒手绘图(二)——根据轴测图徒手绘制物体的三视图

1.

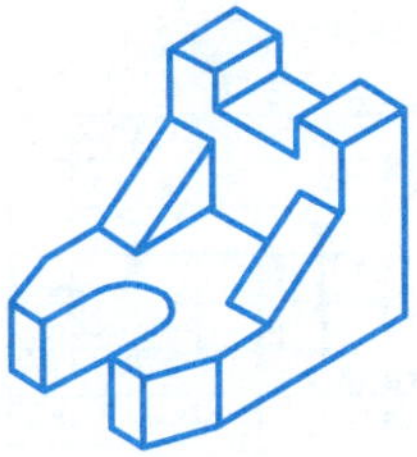

2.

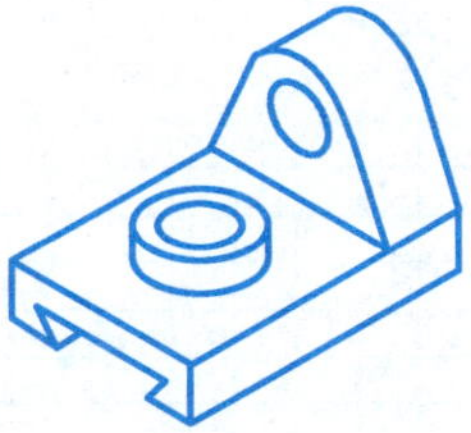

3.

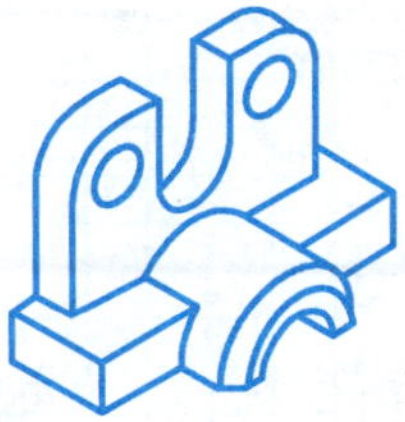

4.

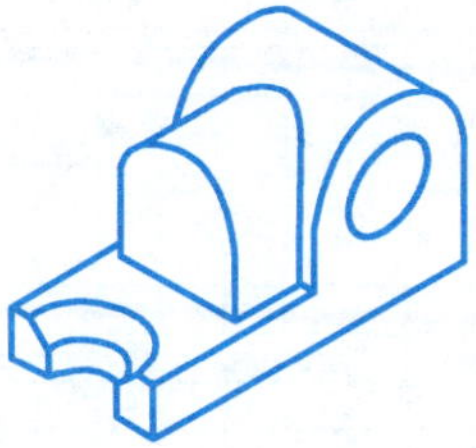

班级　　　　姓名　　　　学号

5-5 叠加型组合体——根据给出的视图，补画第三视图

1.

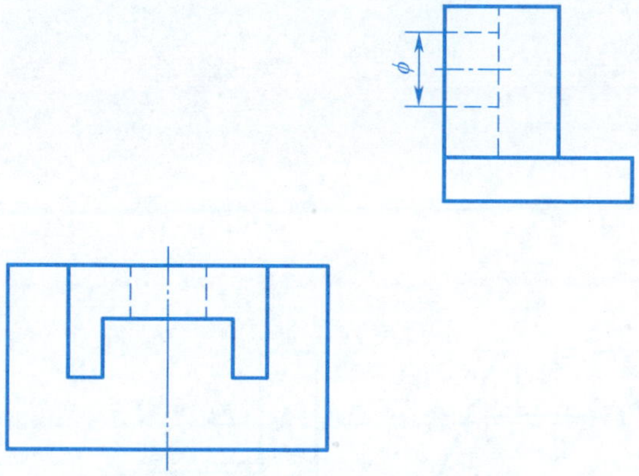

2.

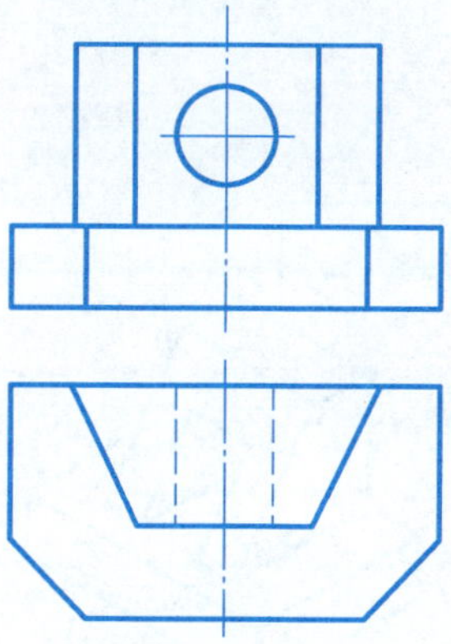

3.

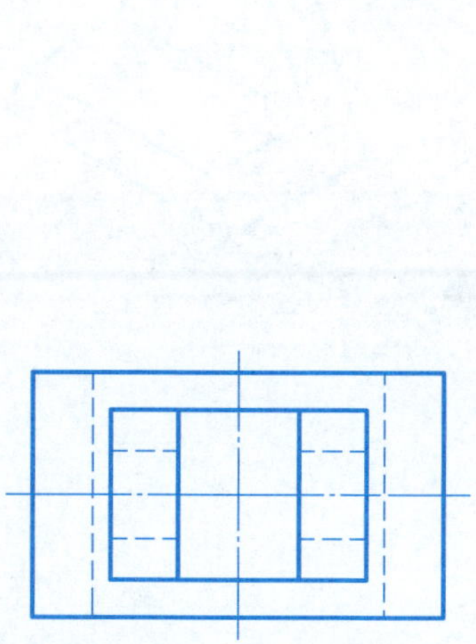

4.

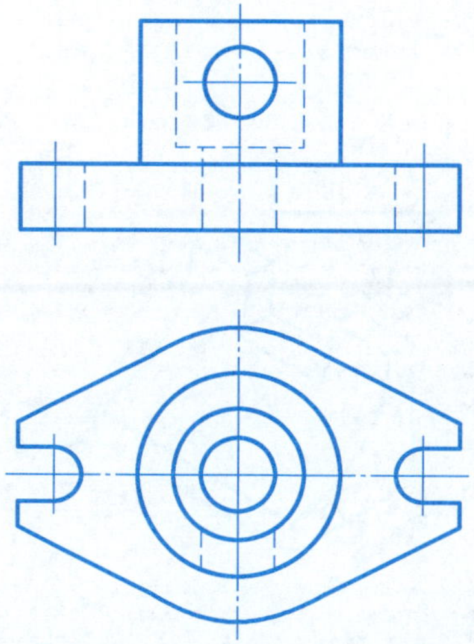

班级　　　　　　　　姓名　　　　　　　　学号

5-6 切割型组合体——根据给出的视图,补画三视图

1.

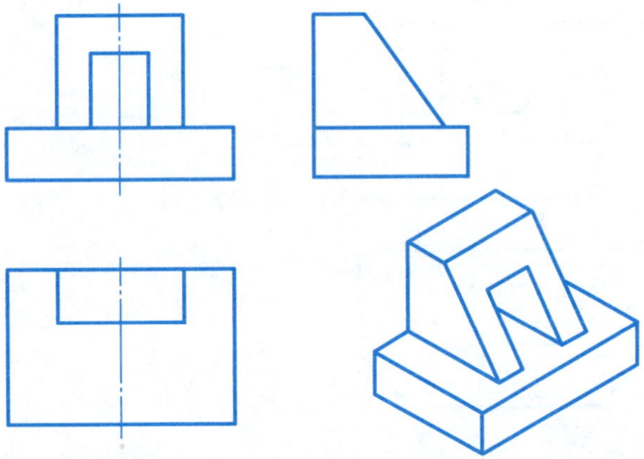

2.

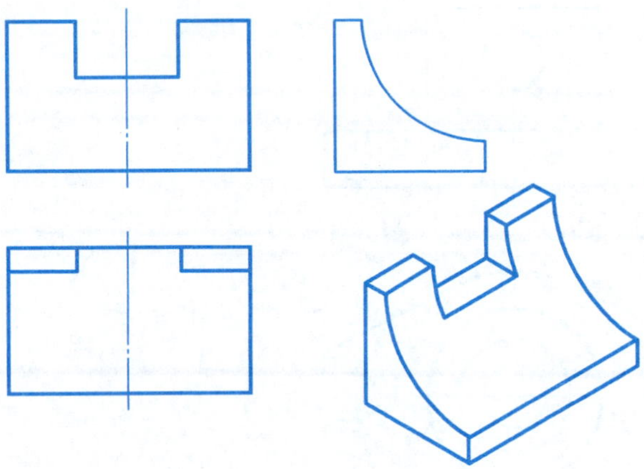

3.

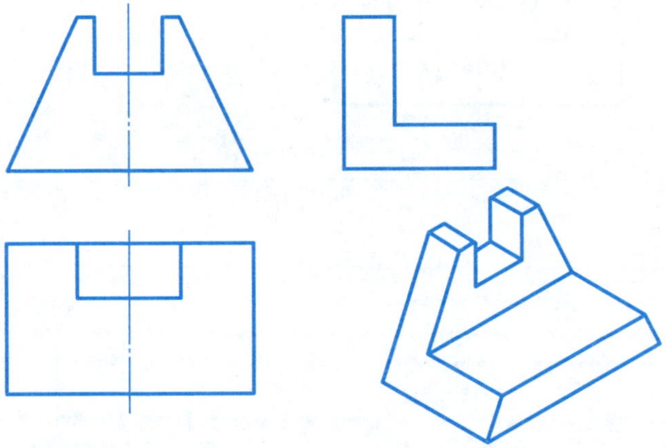

班级　　　　姓名　　　　学号

5-7　组合体尺寸标注(一)——指出视图中重复或多余的尺寸(打"×"),并标注遗漏的尺寸

1.

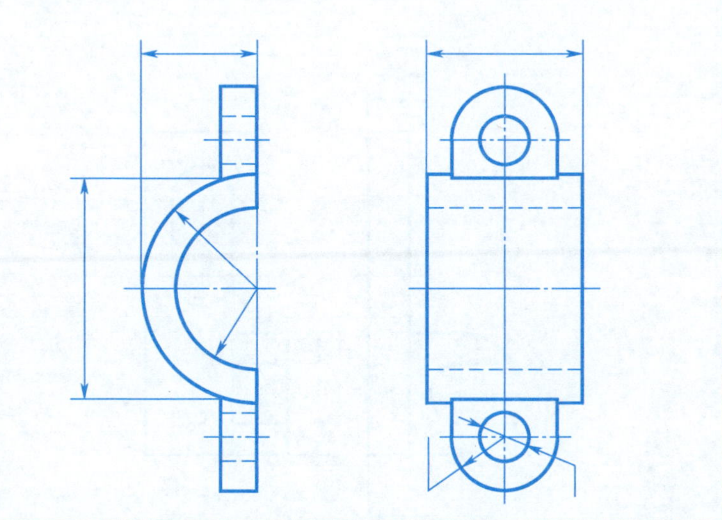

2.

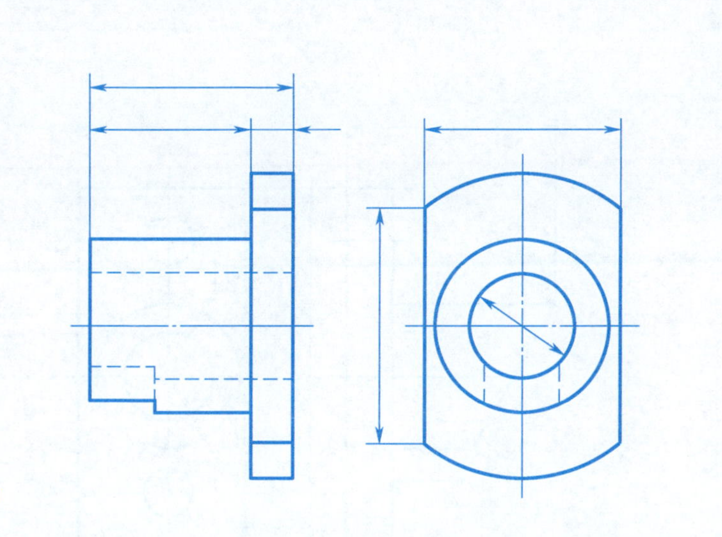

3.

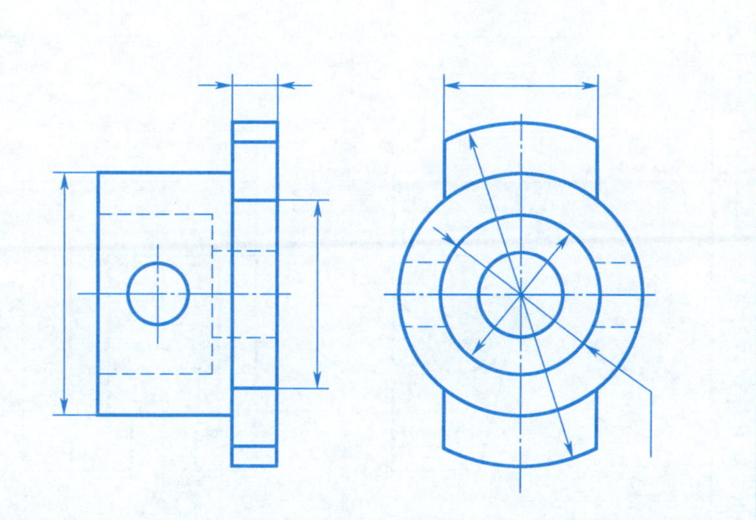

4.

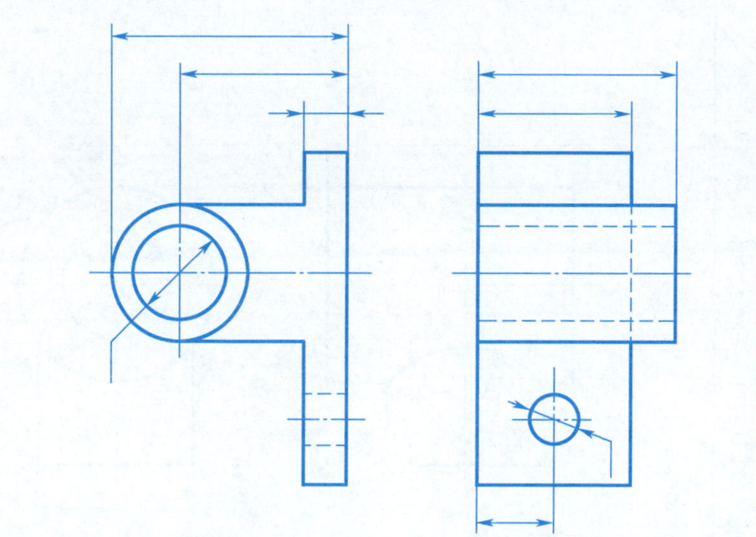

班级　　　　姓名　　　　学号

5-8 组合体尺寸标注(二) ——指出视图中重复或多余的尺寸(打“×”),并标注遗漏的尺寸

1.

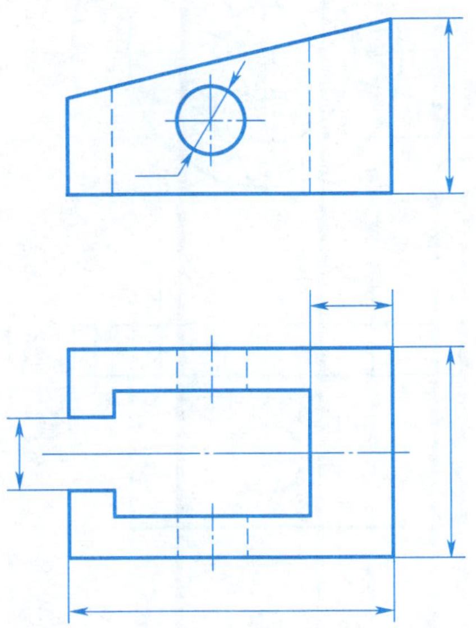

2.

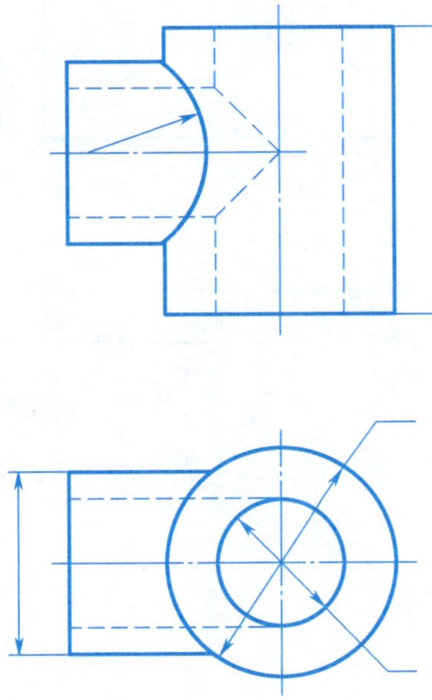

3.

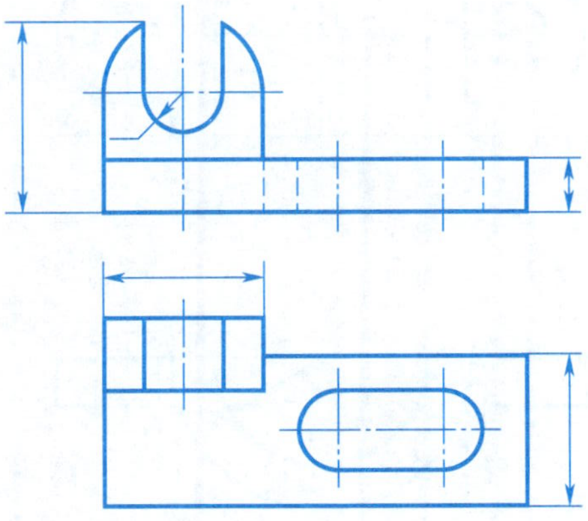

4.

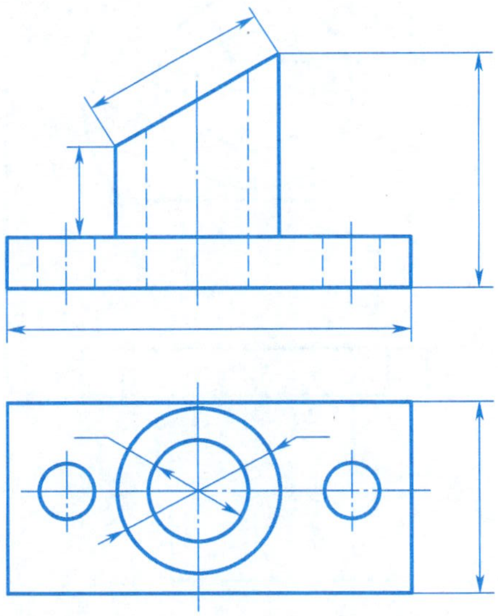

班级　　　　姓名　　　　学号

5-9　组合体尺寸标注(三)——标注尺寸(尺寸按 1∶1 从图中量取,取整数)

1.

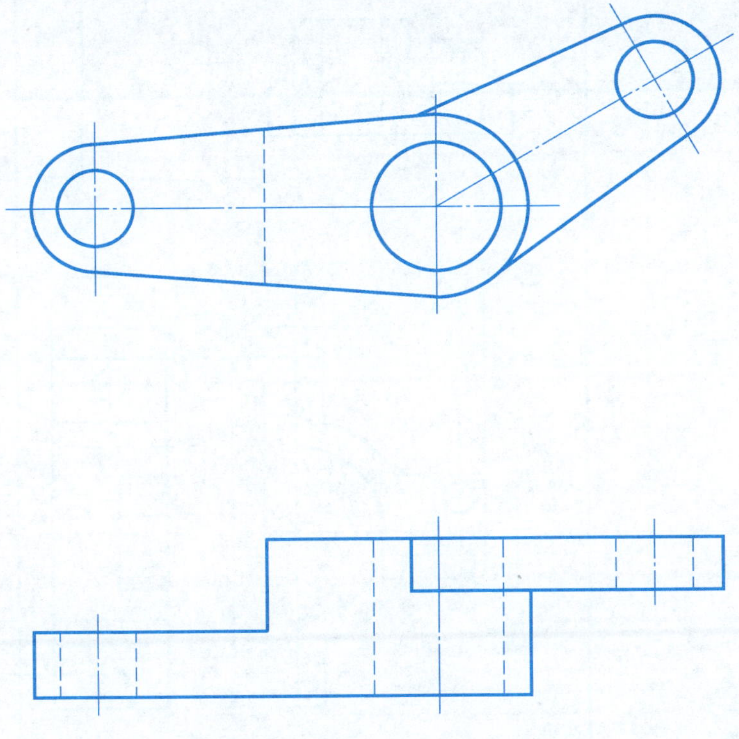

2.

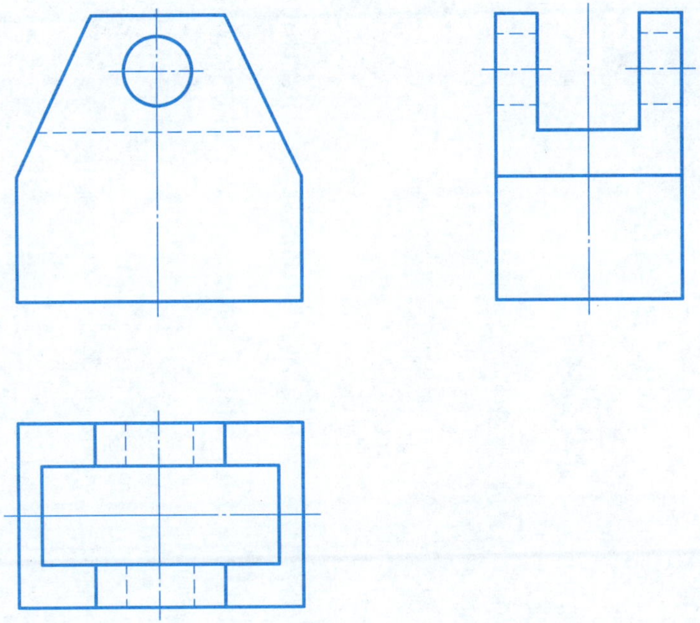

班级　　　　　　姓名　　　　　　学号

5-10 组合体大作业

组合体三视图综合练习

一、内容

根据模型(或轴测图)画三视图,并标注尺寸。

二、目的

1. 初步掌握根据模型画组合体三视图的方法,提高绘图技能;
2. 练习组合体视图的尺寸注法。

三、要求

1. 用 A3 图纸或 A4 图纸,横放;
2. 自己选定绘图比例。

四、作图步骤

1. 运用形体分析法搞清组合体模型的组成部分以及各组成部分之间的相对位置和组合关系;
2. 选取主视图的投射方向,所选的主视图应能最明显地表达模型的形状特征;
3. 起底稿(底稿线要细而轻);
4. 检查底稿、修正错误,擦掉多余图线;
5. 按前面所讲的要求顺序描深图线;
6. 标注尺寸,填写标题栏(根据轴测图画三视图时,不能将轴测图上所注的尺寸照搬,应按标注尺寸的要求进行)。

五、注意事项

1. 布置视图时,要留出标注尺寸的位置;
2. 必须运用形体分析法,并按三类尺寸的要求标注尺寸,尺寸的布置要清晰;
3. 度量尺寸时所得的小数要化为整数;
4. 用标准字体填写尺寸数字和标题栏。

六、图例

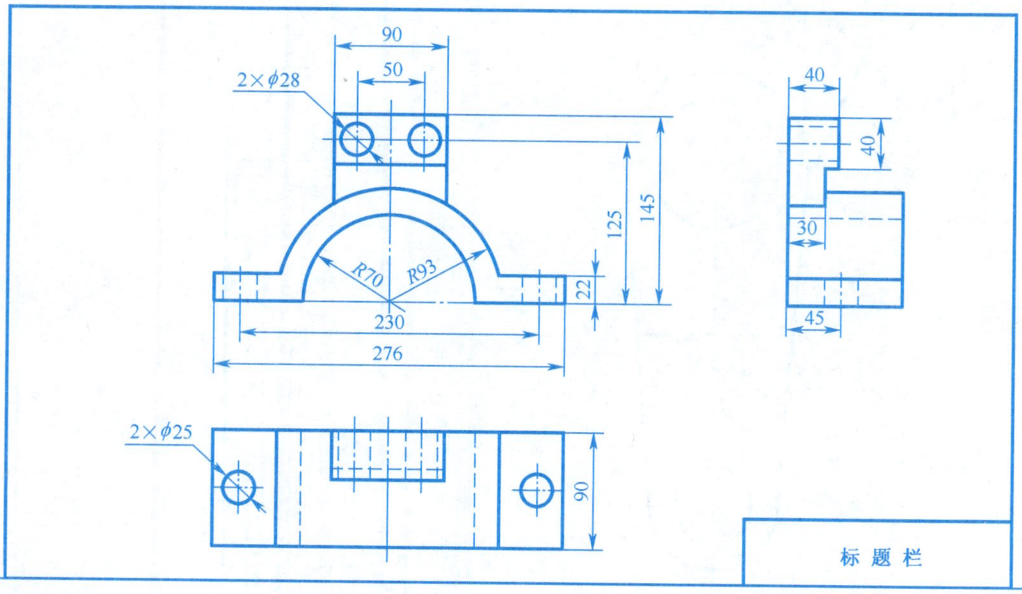

班级　　　　姓名　　　　学号

5-11 组合体大作业(一)

1.

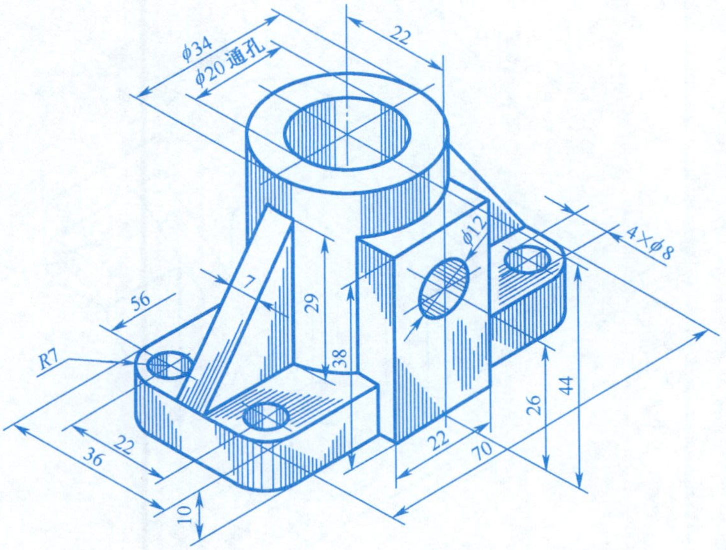

2.

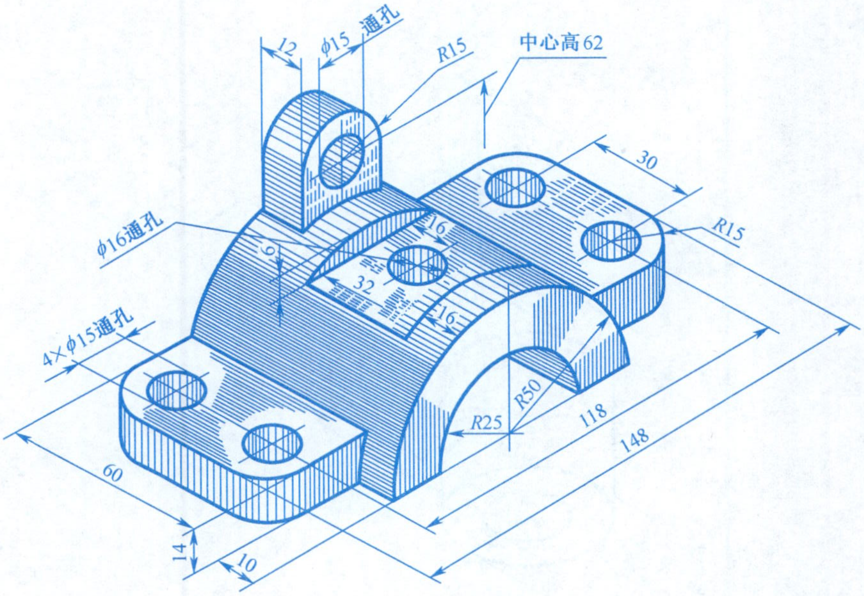

班级　　　　姓名　　　　学号

5-12 组合体大作业(二)

1.

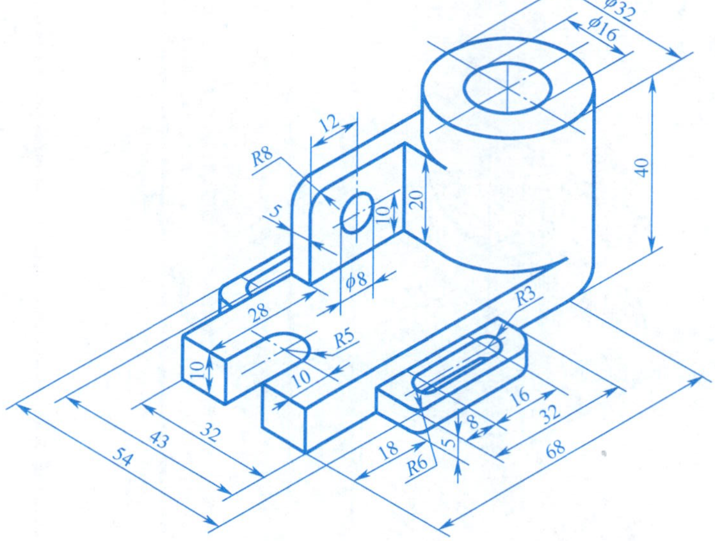

2.

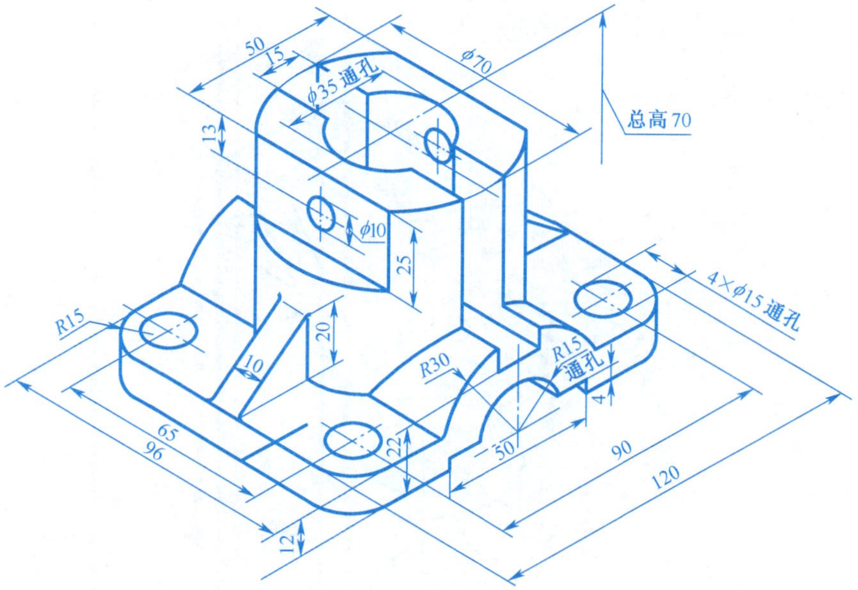

班级　　　　姓名　　　　学号

5-13　线面分析(一)——补画第三视图

1.

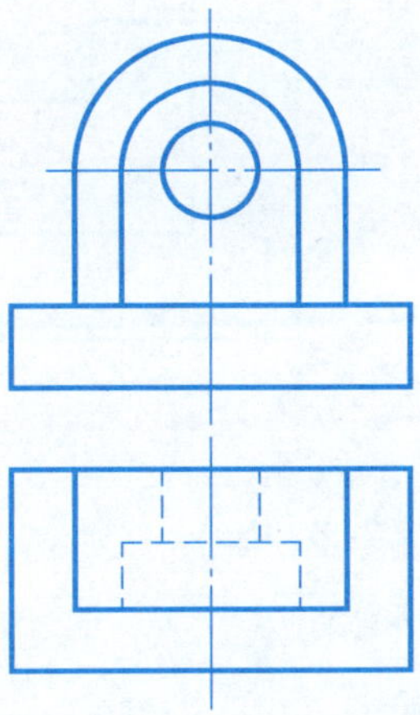

2.

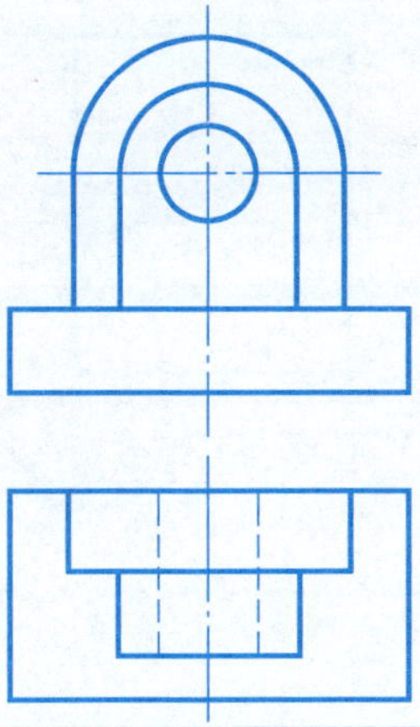

3.

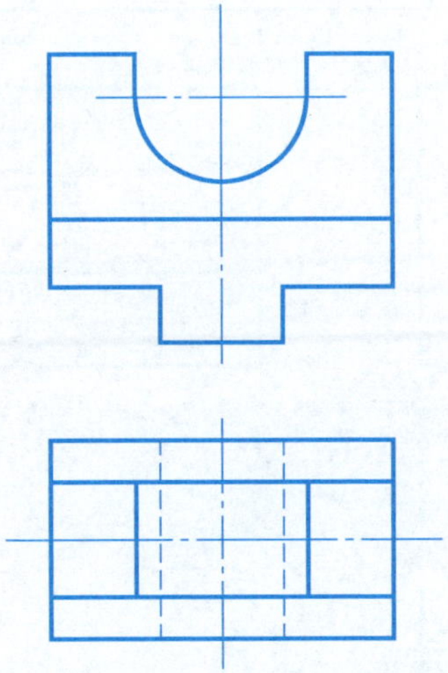

4.

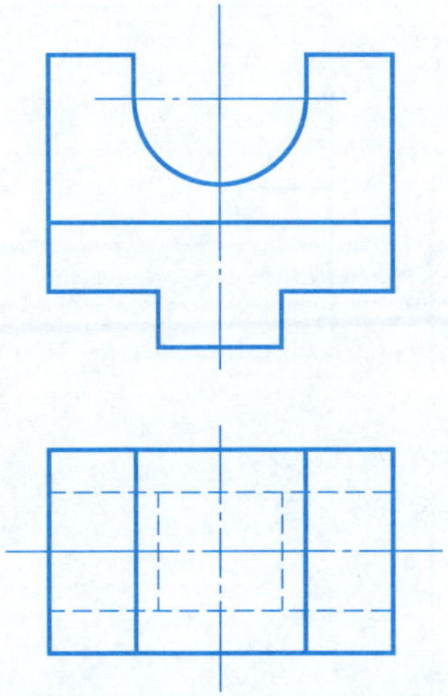

班级　　　　　　　　姓名　　　　　　　　学号

5-14　线面分析(二)——补画视图中所缺的图线

1.

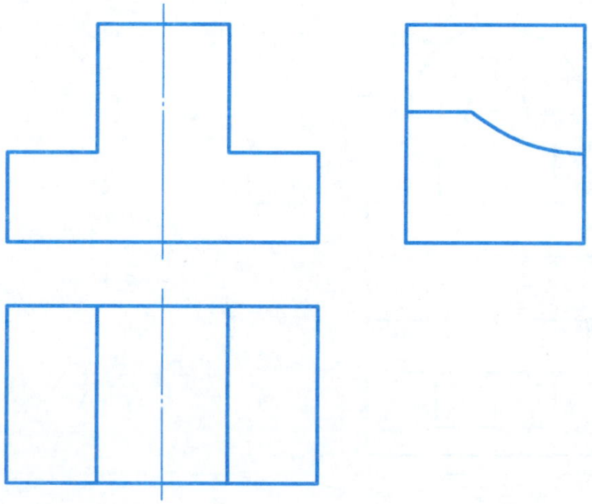

2.

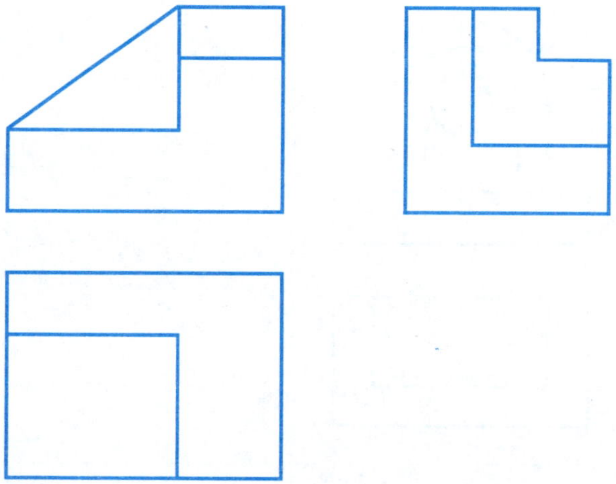

3.

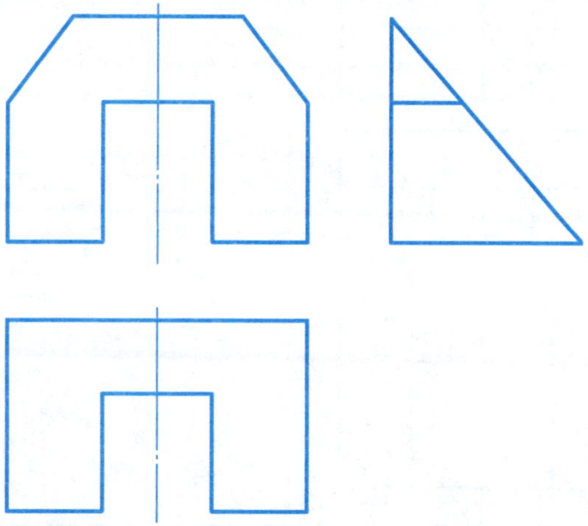

4.

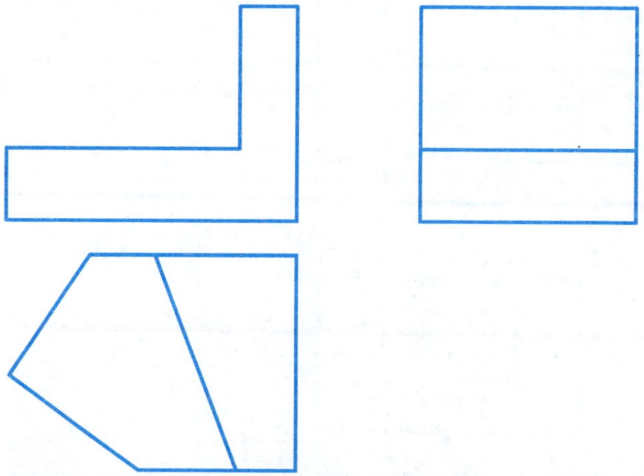

班级　　　　　　　　　　姓名　　　　　　　　　　学号

5-15 线面分析(三)——补画第三视图

1.

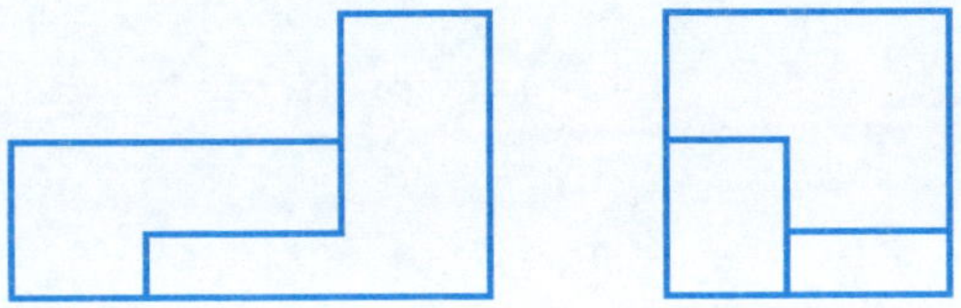

2.

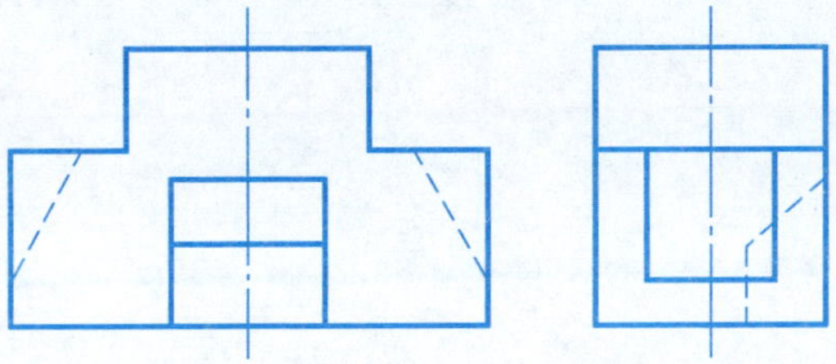

3.

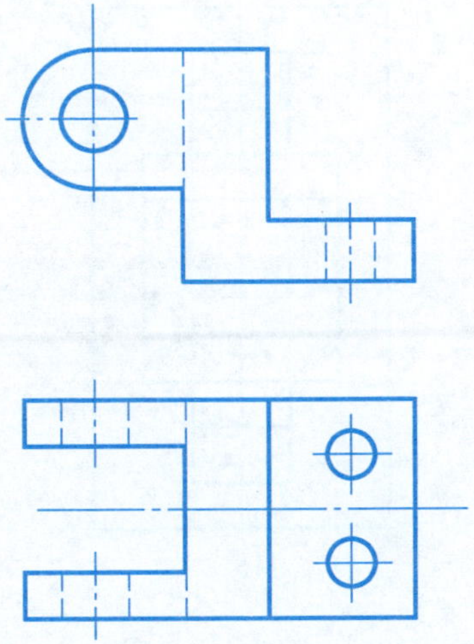

4.

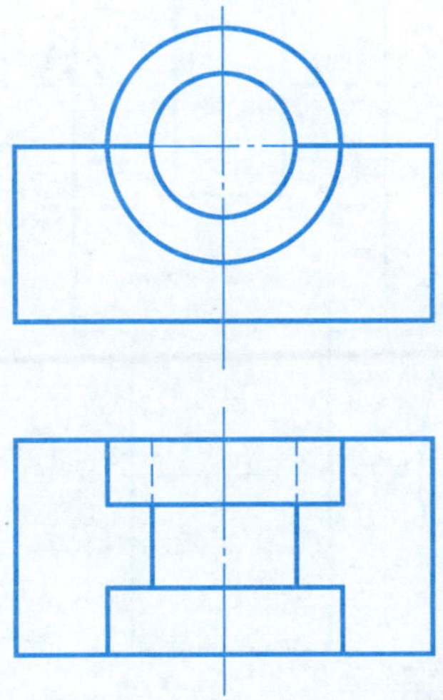

班级　　　　姓名　　　　学号

5-16 复杂组合体(一)——补画左视图

1.

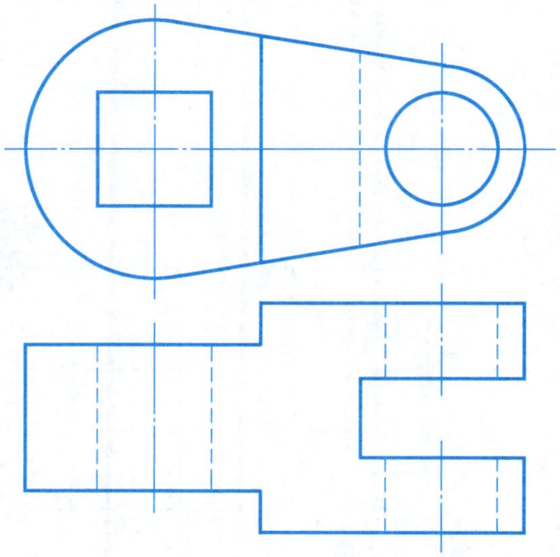

2.

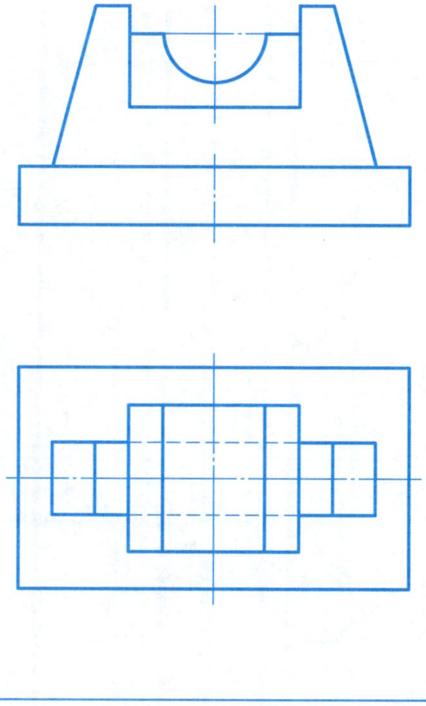

班级　　姓名　　学号

5-17 复杂组合体（二）——补画左视图

1.

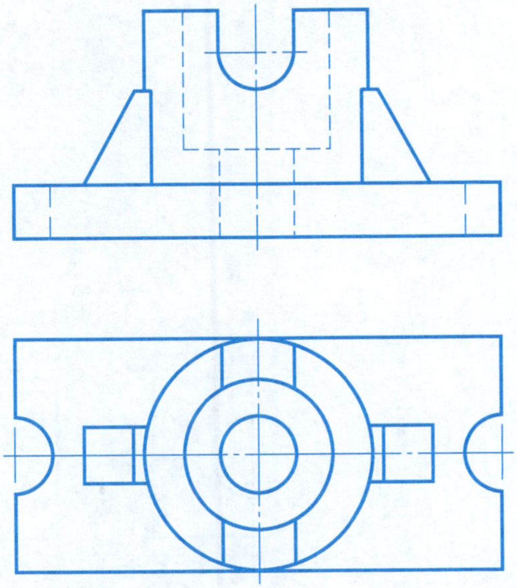

2.

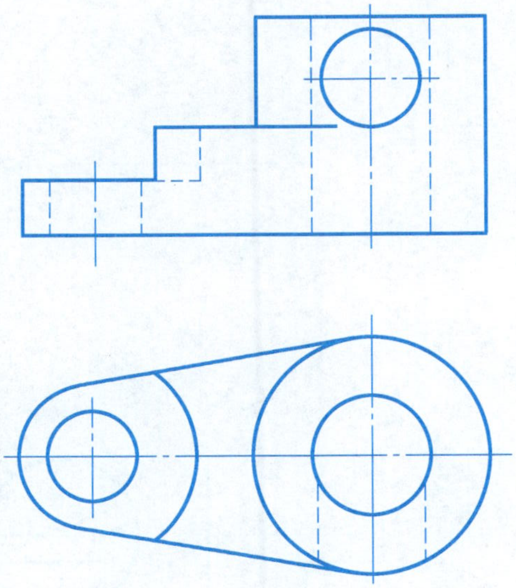

班级　　　　姓名　　　　学号

第6章 轴 测 图

6-1 正等轴测图(一)

1. 由视图画正等轴测图。

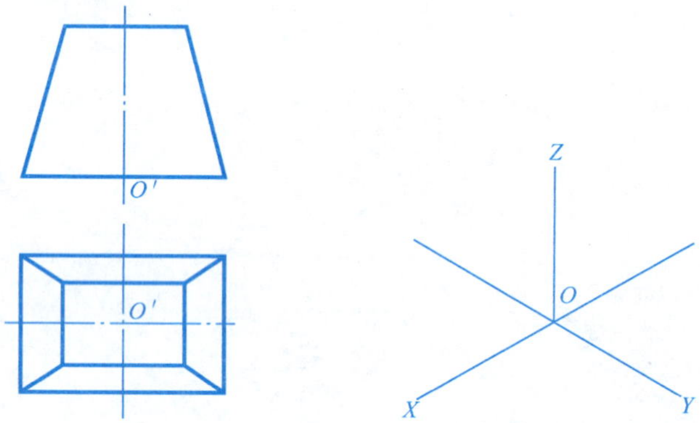

2. 由视图画正等轴测图。

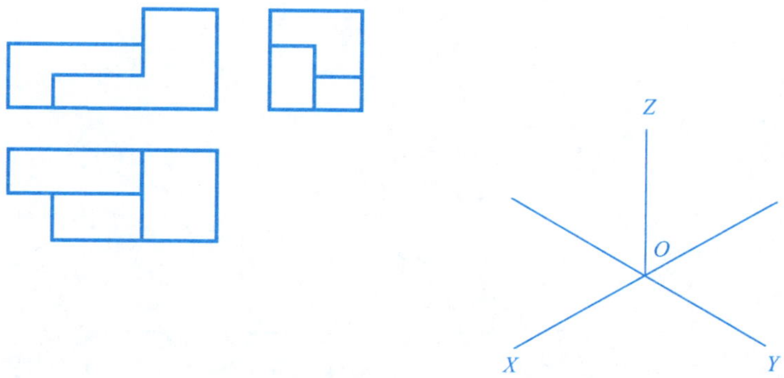

3. 由视图画正等轴测图。

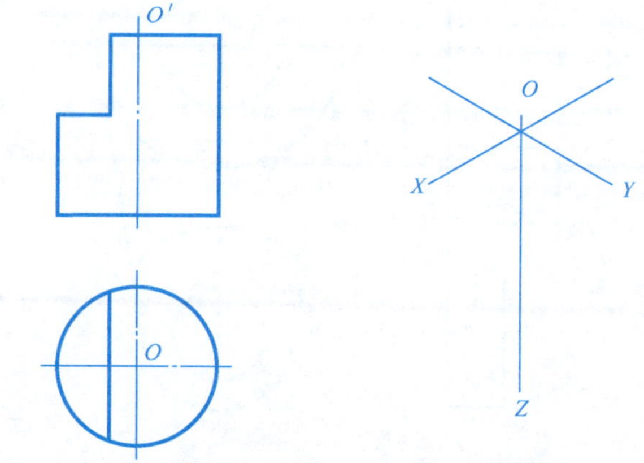

4. 由视图画正等轴测图。

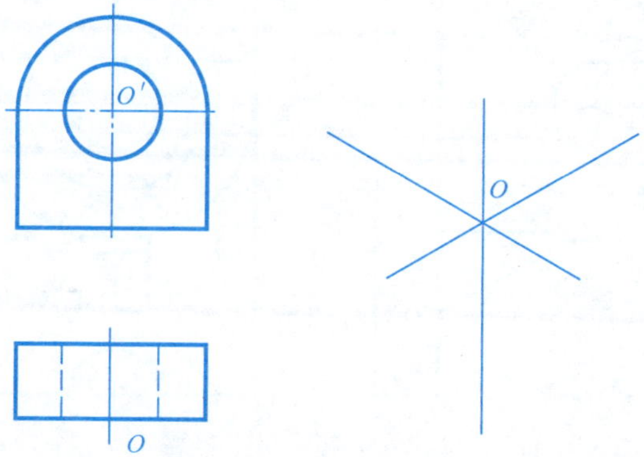

班级 姓名 学号

6-2　正等轴测图(二)

1. 由三视图画出物体的正等轴测图。

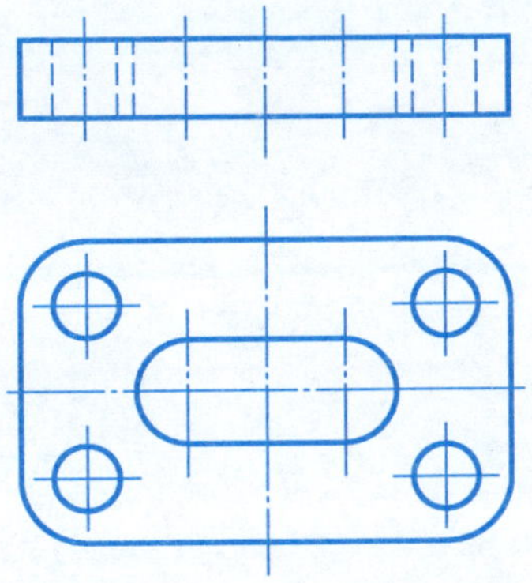

2. 由三视图画出物体的正等轴测图。

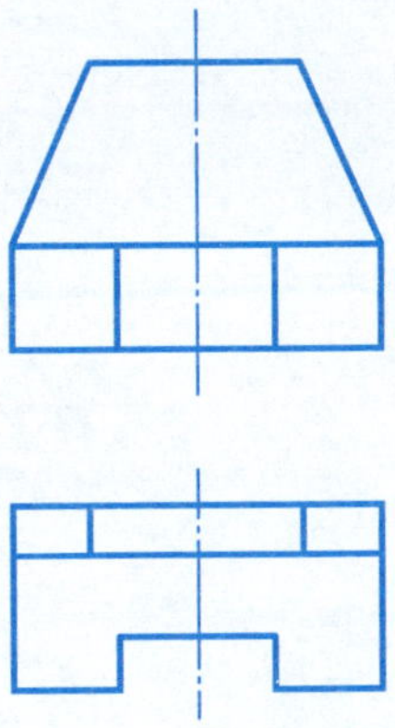

3. 由三视图画出物体的正等轴测图。

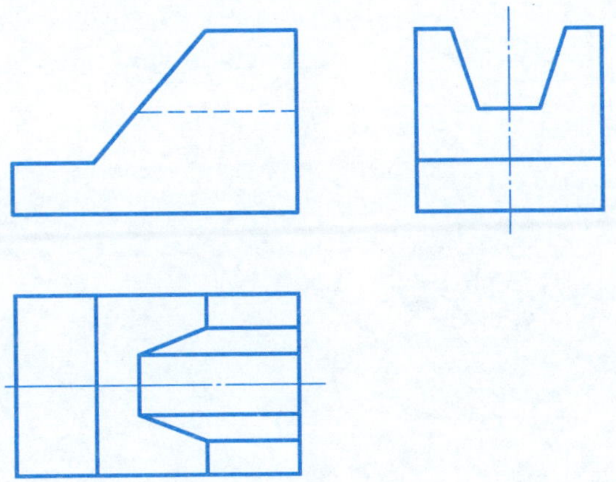

4. 由三视图画出物体的正等轴测图。

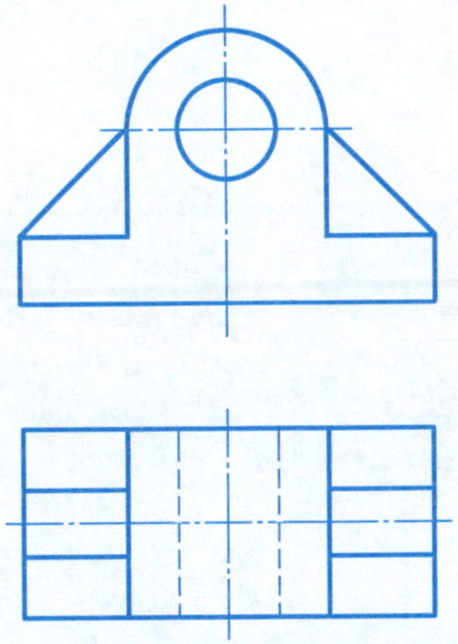

班级　　　　姓名　　　　学号

6-3 斜二轴测图

1. 由视图画斜二轴测图。

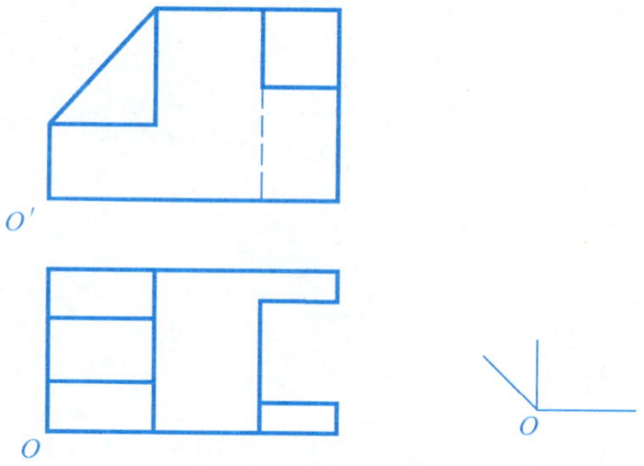

2. 由视图画斜二轴测图。

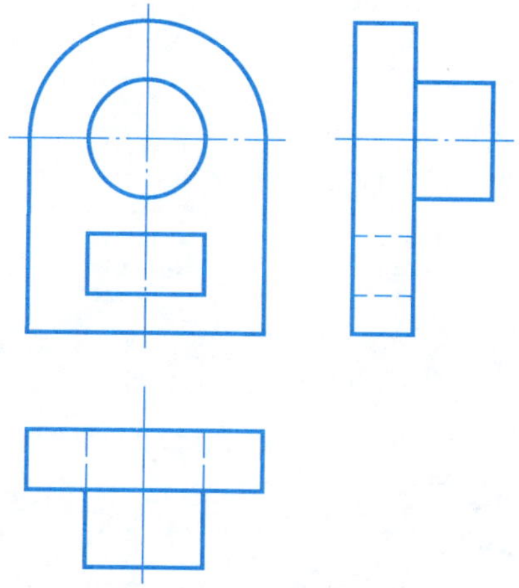

3. 由视图画斜二轴测图。

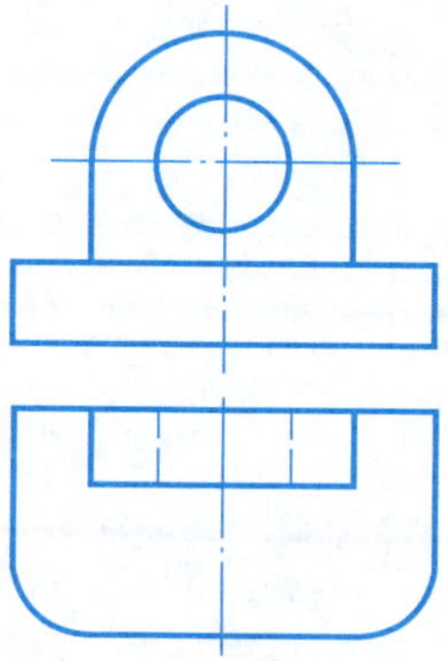

班级　　　　姓名　　　　学号

第 7 章　机件的表达方法

7-1　基本视图——根据主、俯、左三视图，补画右、后、仰三视图

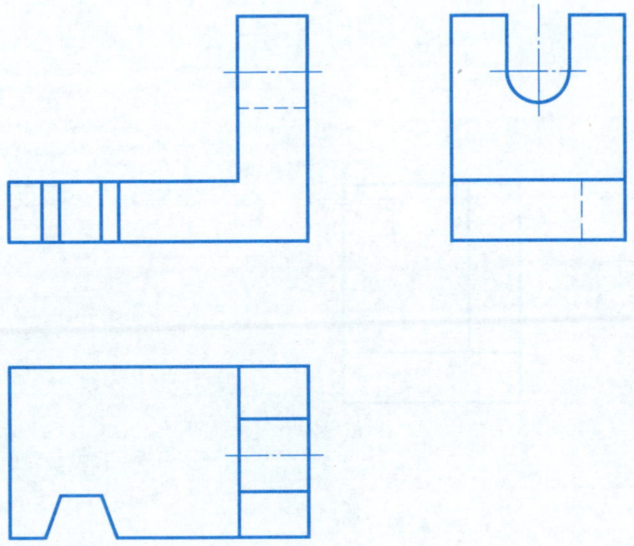

班级　　　　　　姓名　　　　　　学号

7-2　向视图——根据主视图 *A*，对给出的向视图进行标注

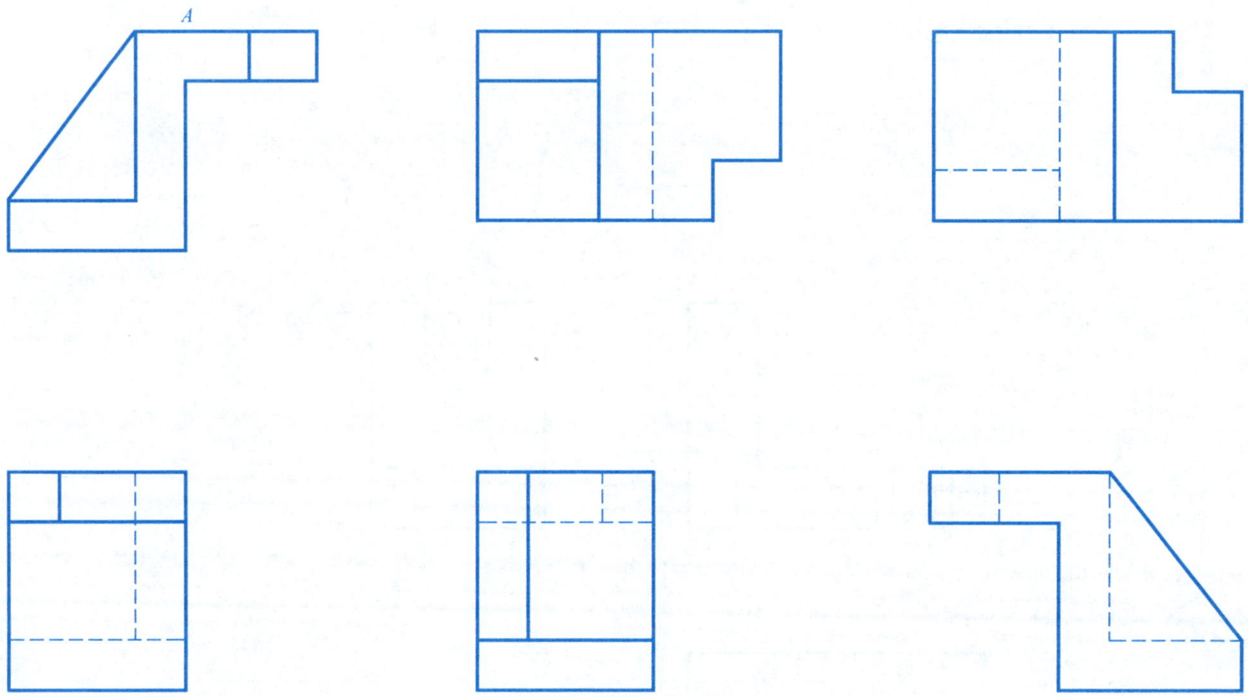

班级　　　　　　　　姓名　　　　　　　　学号

7-3　局部视图、斜视图(一)——根据主视图和轴测图，通过补画局部视图和斜视图，将零件的形状表达清楚(比例 1:1)

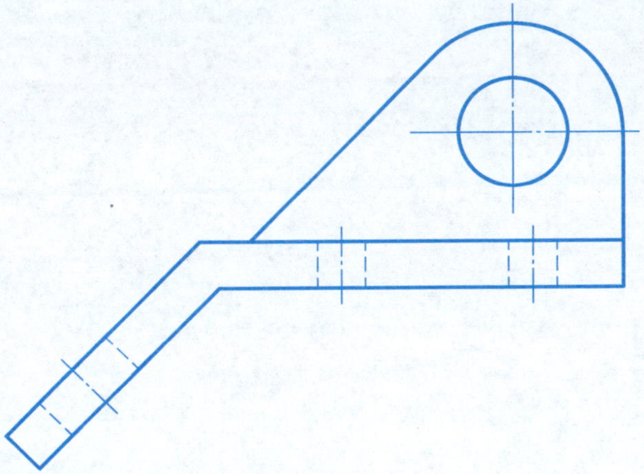

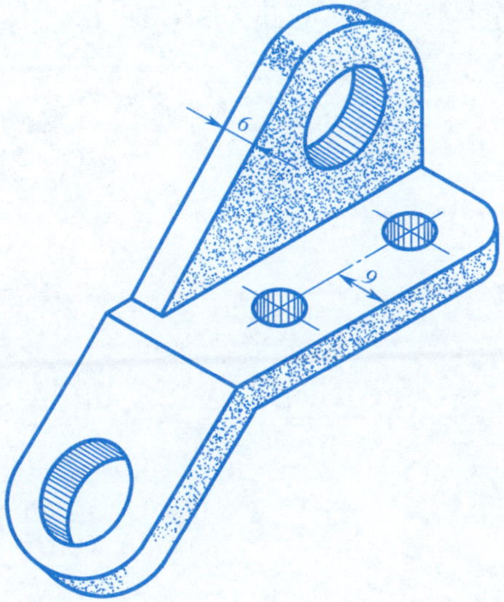

班级　　　　　　　　　　姓名　　　　　　　　　　学号

7-4　局部视图、斜视图（二）——根据主视图和轴测图，补画其他视图（局部视图、斜视图等），将机件的形状表达清楚（比例 1:1）

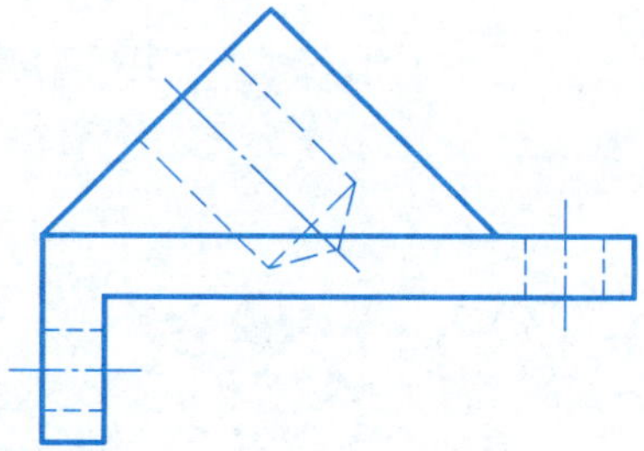

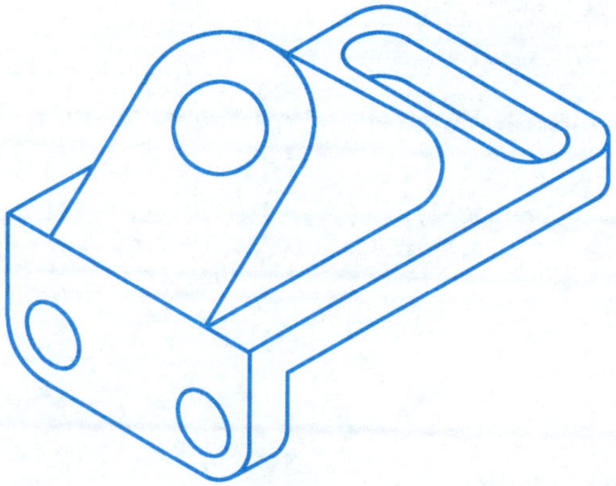

班级　　　　　　　　　　姓名　　　　　　　　　　学号

7-5 局部视图、斜视图（三）——根据主视图和轴测图，补画局部视图和斜视图，将机件的形状表达清楚（比例1∶1）

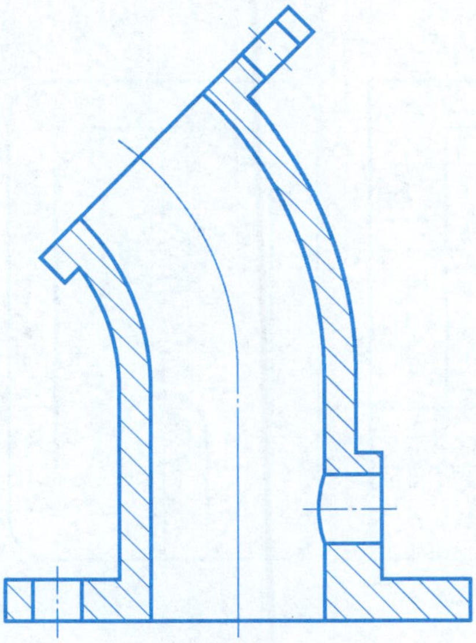

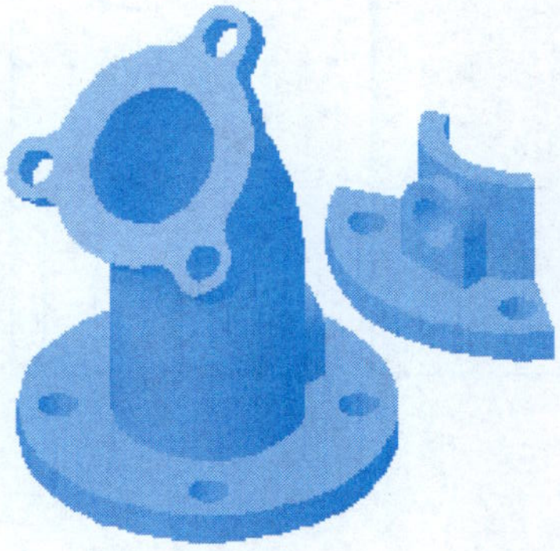

班级　　姓名　　学号

7-6 剖视图——补画剖视图中所缺的图线

1.

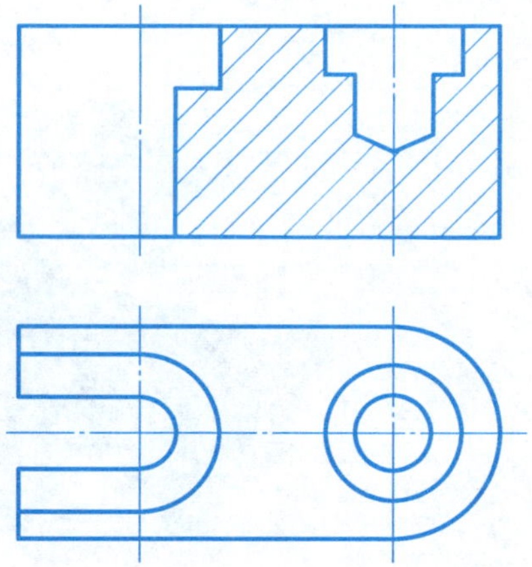

2.

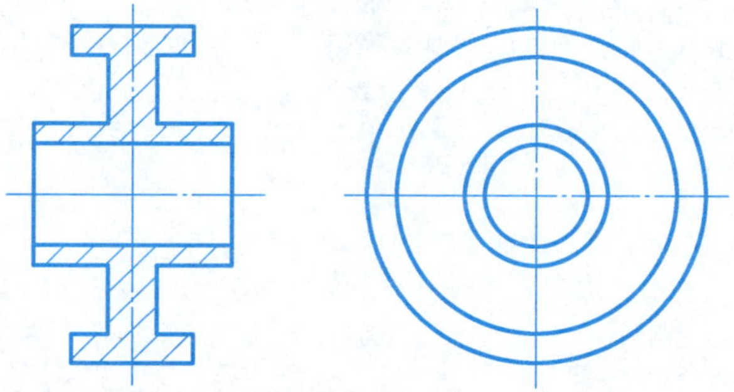

3.

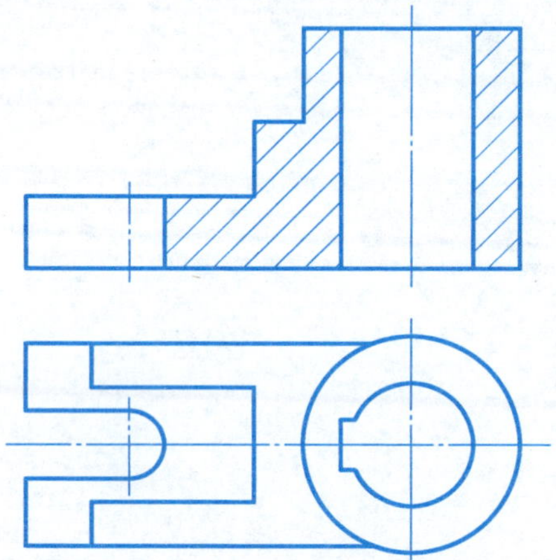

4.

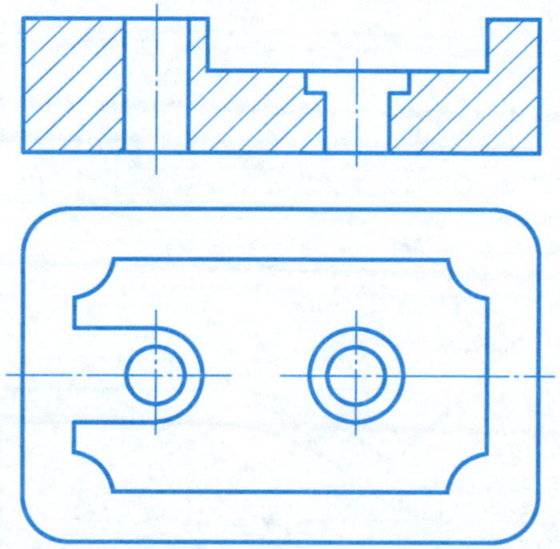

班级　　　　姓名　　　　学号

7-7 全剖视图——将主视图改画成全剖视图

1.

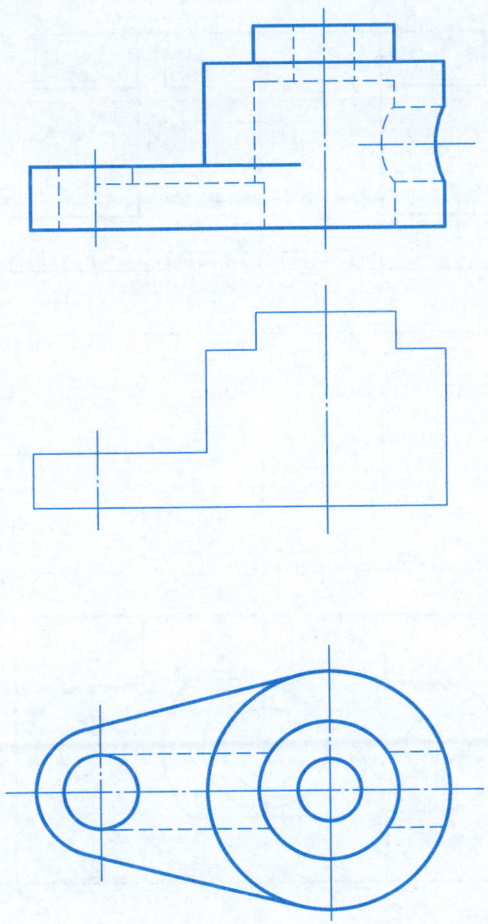

2.

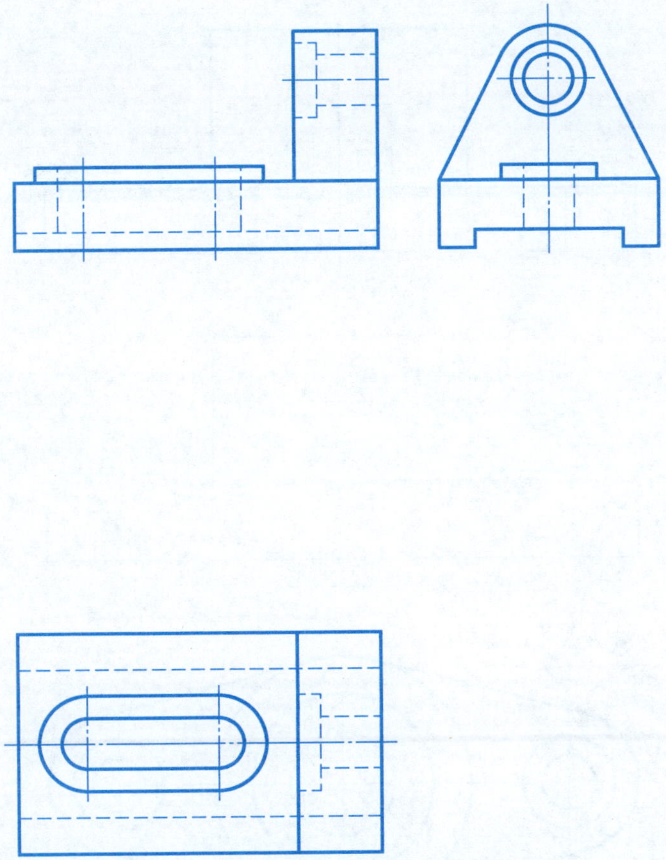

班级 姓名 学号

7-8 半剖视图——将主视图改画成半剖视图

1.

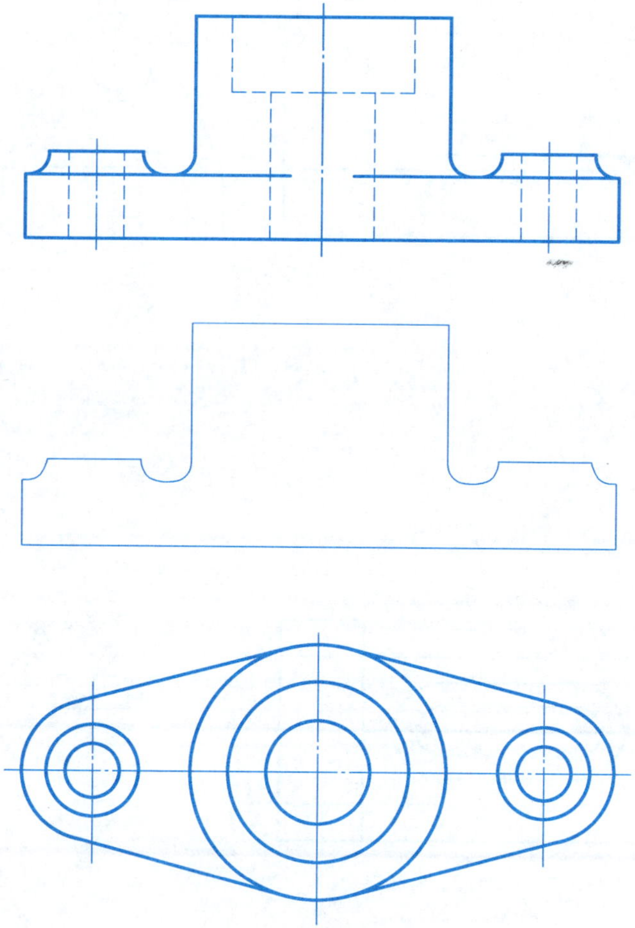

2.

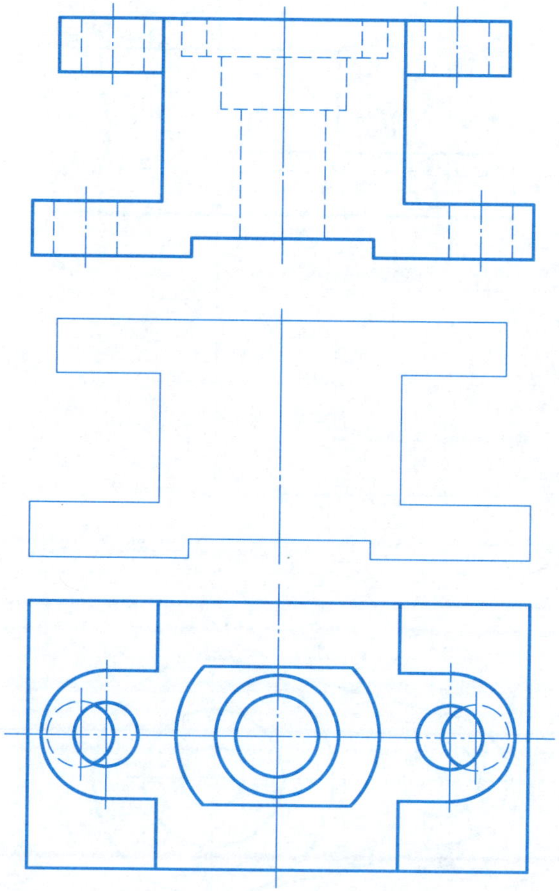

班级　　　　姓名　　　　学号

7-9 局部剖视图(一)

1. 分析剖视图中的错误,在右边作出正确的剖视图。

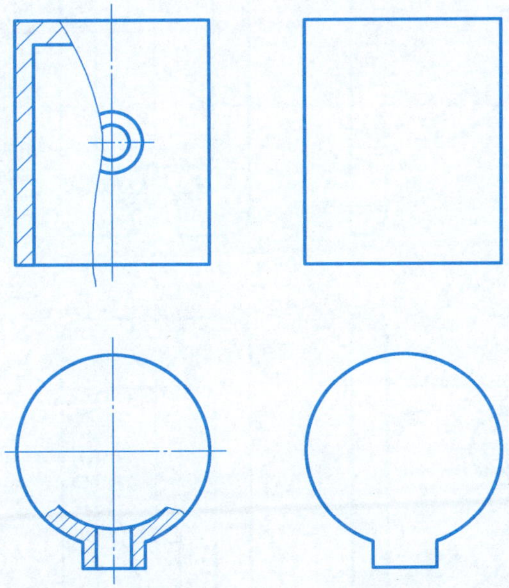

2. 根据表达需要将视图画成局部剖视图。

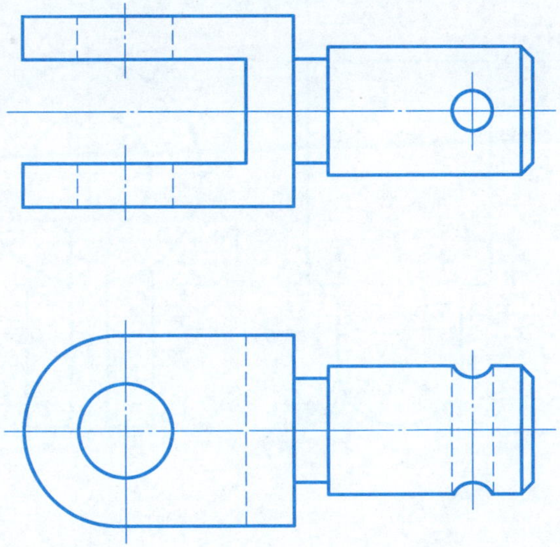

班级　　　　姓名　　　　学号

7-10 局部剖视图（二）——根据表达需要将视图改画成局部剖视图

1.

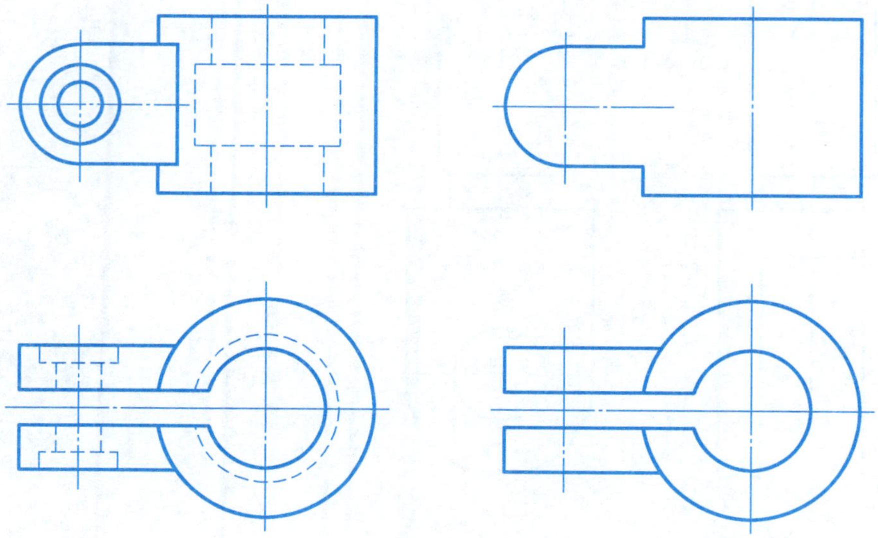

2.

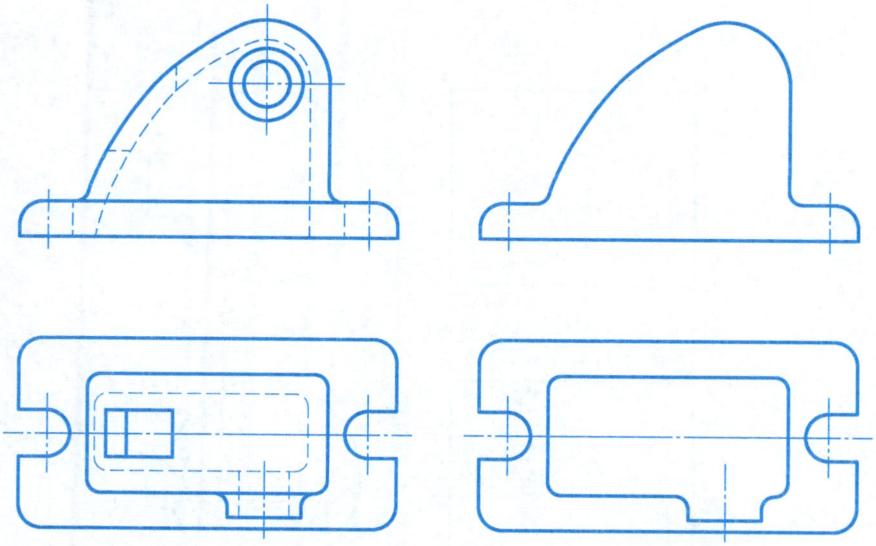

班级　　　　姓名　　　　学号

7-11　剖视图综合练习——根据表达需要将下图中的主视图改为合适的剖视图

1.

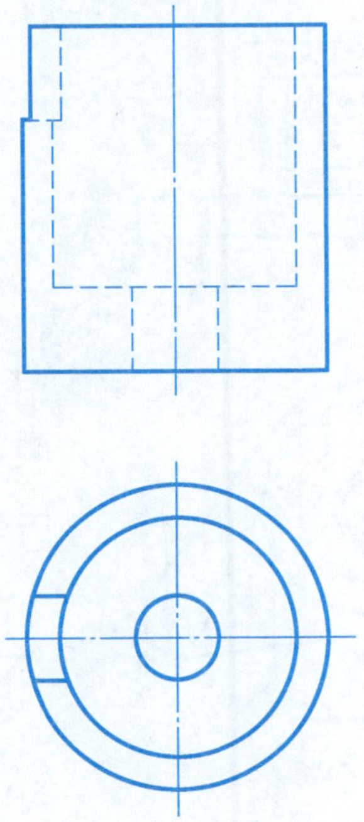

2.

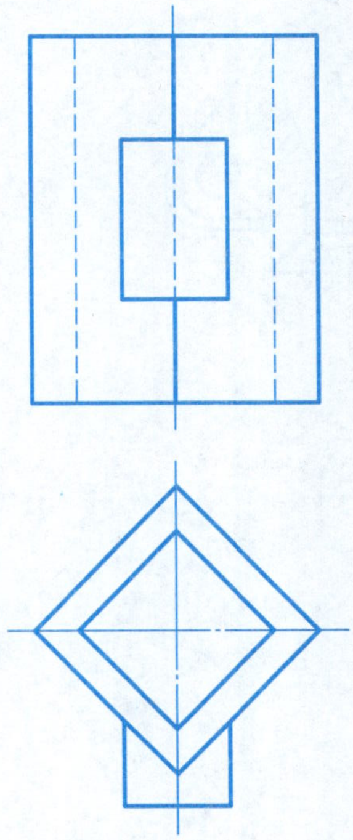

3.

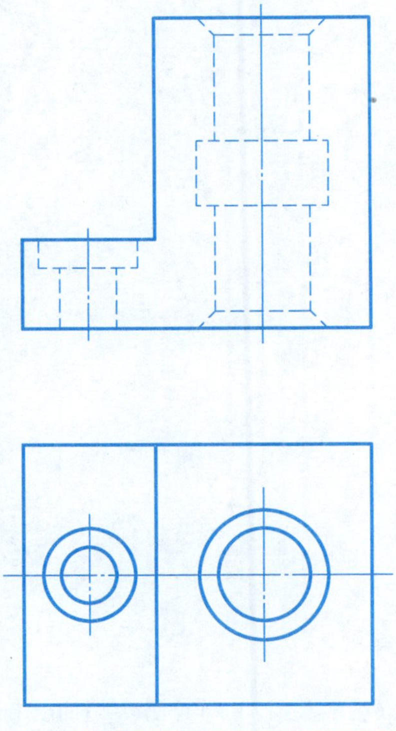

4.

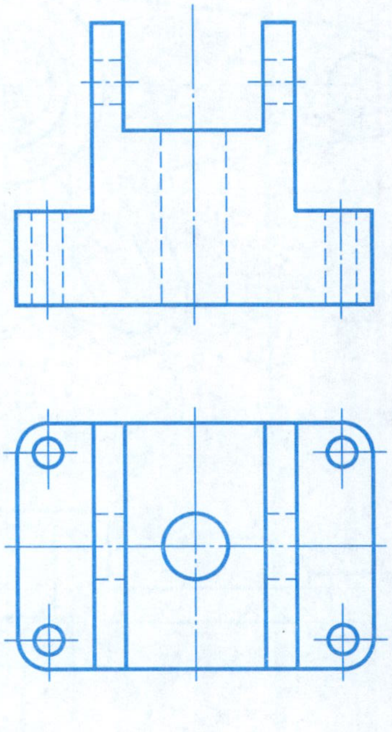

班级　　　　　　姓名　　　　　　学号

7-12 斜剖视图

1. 根据机件俯视图和 *A*—*A* 剖视图求做 *B*—*B* 斜剖视图。

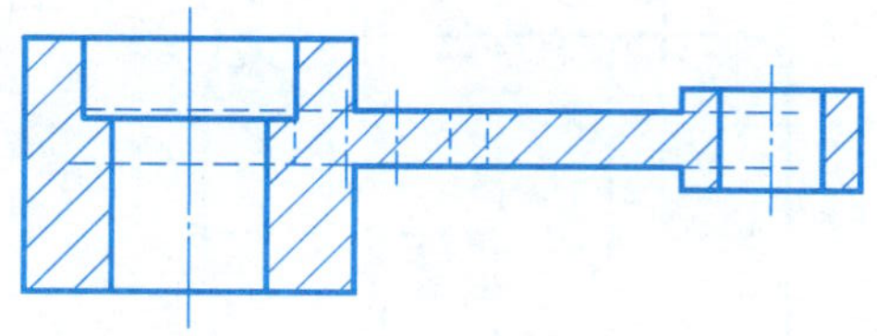

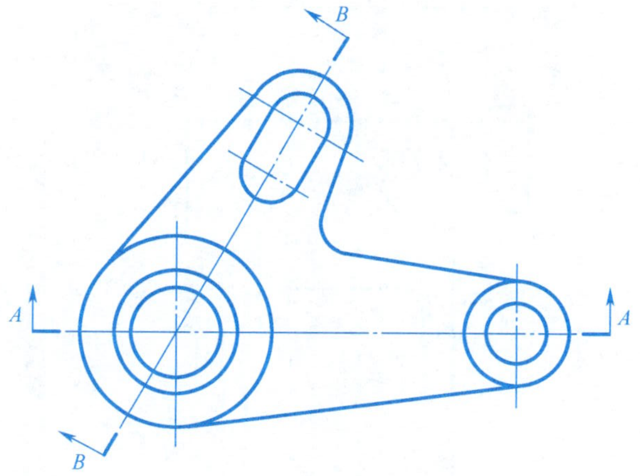

2. 根据主、俯视图和轴测图求 *A*—*A* 斜剖视图。

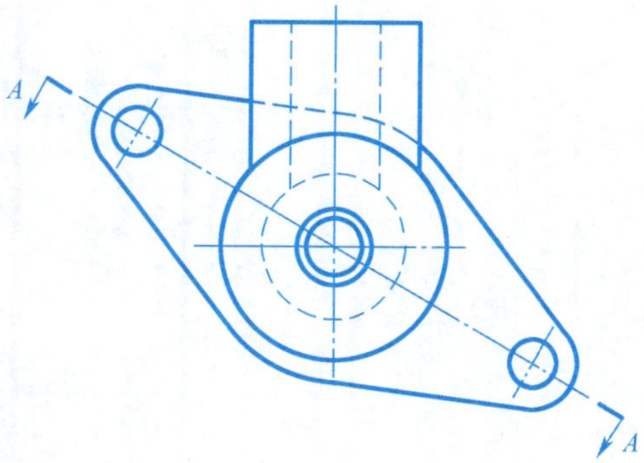

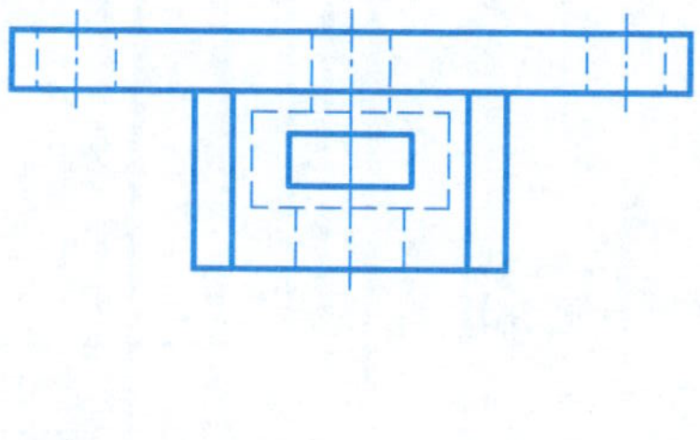

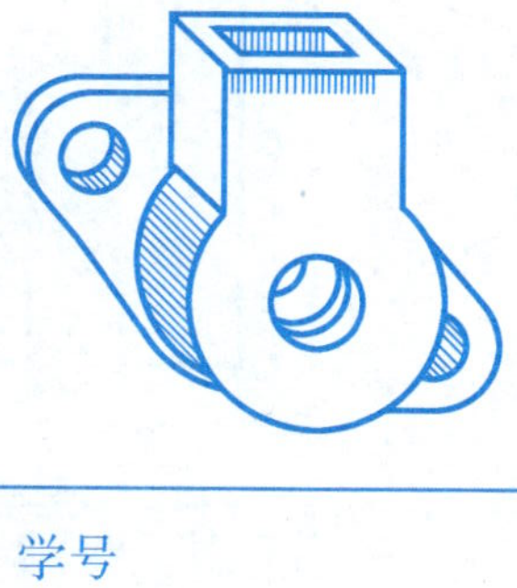

班级　　　　　　姓名　　　　　　学号

7-13　平行剖切——用几个平行的剖切平面剖切(将主视图画成阶梯剖视图,并进行标注)

1.

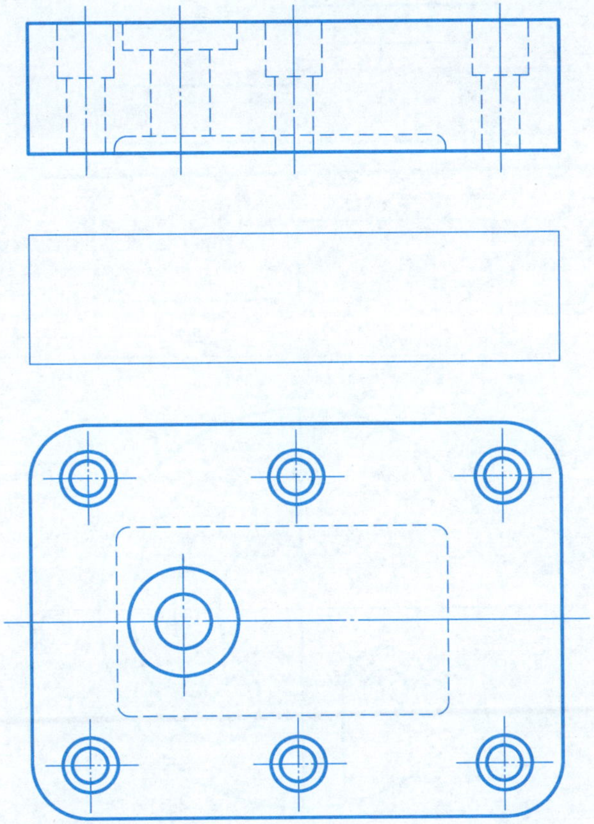

2.

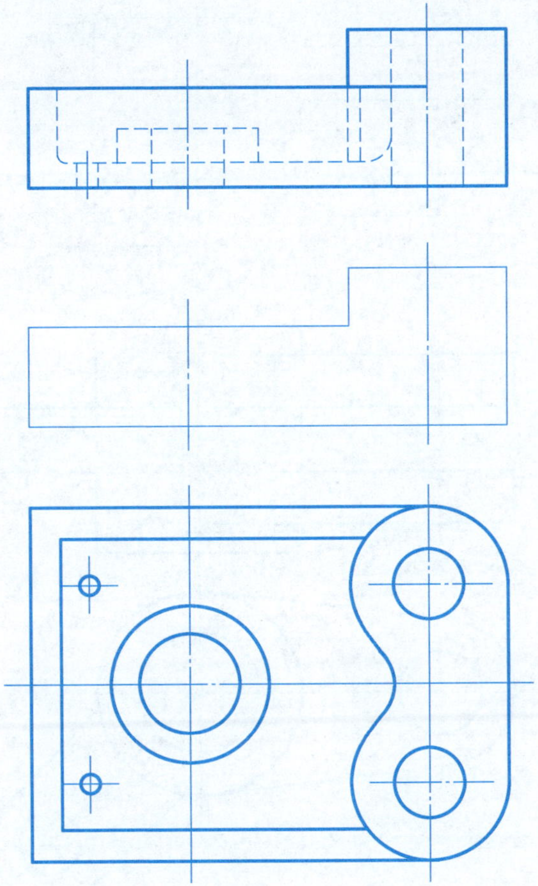

班级　　　　　　　　姓名　　　　　　　　学号

7-14 相交剖切——用两个相交的剖切平面进行剖切(将主视图画成旋转剖视图,并进行标注)

1.

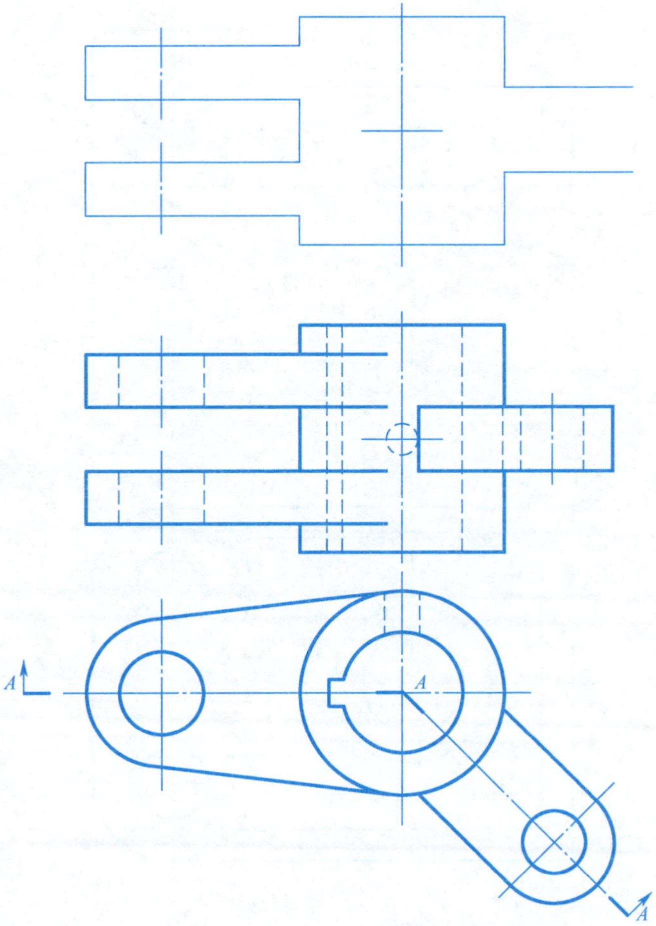

2.

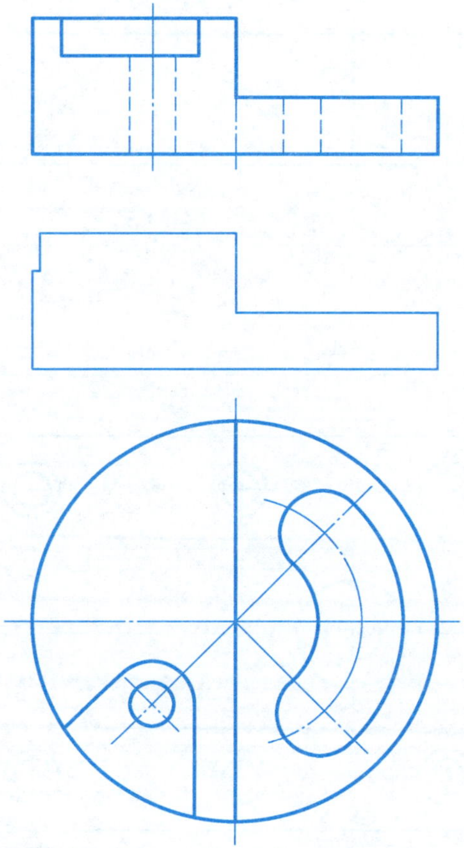

班级 姓名 学号

7-15 断面图(一)——在指定位置画断面图,并进行标注(单面键槽深 4 mm,右端有双平面)

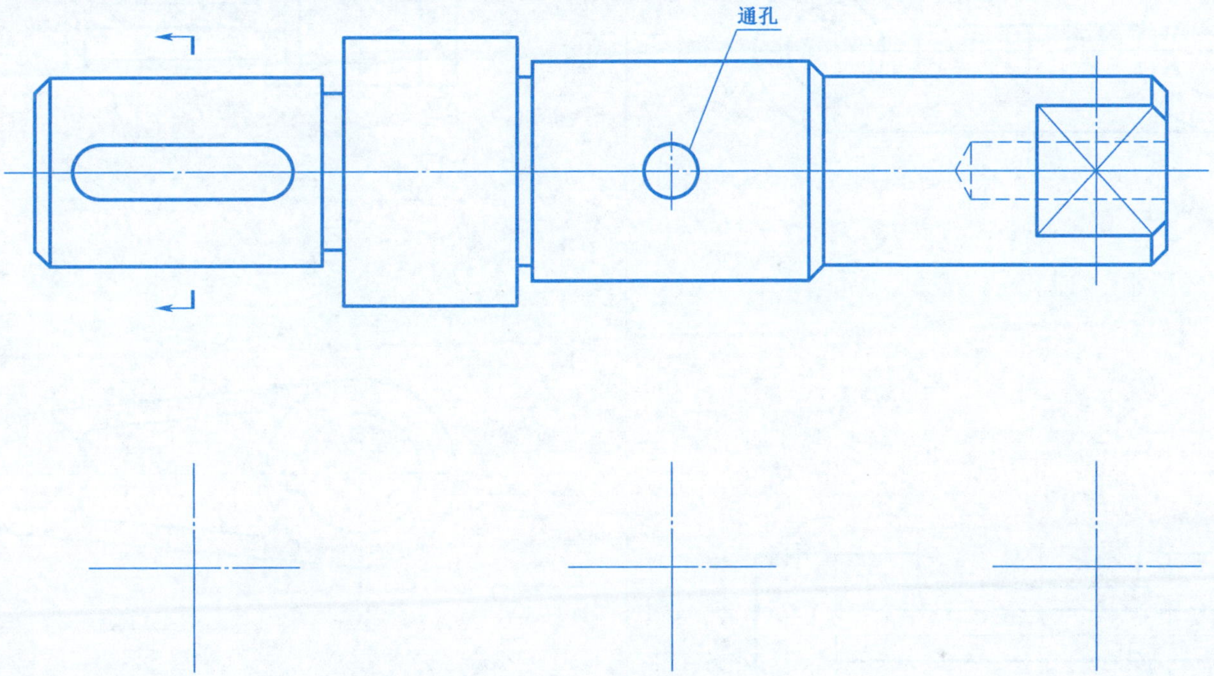

班级 姓名 学号

7-16 断面图(二)

1. 在主视图上画出十字肋的重合断面图。

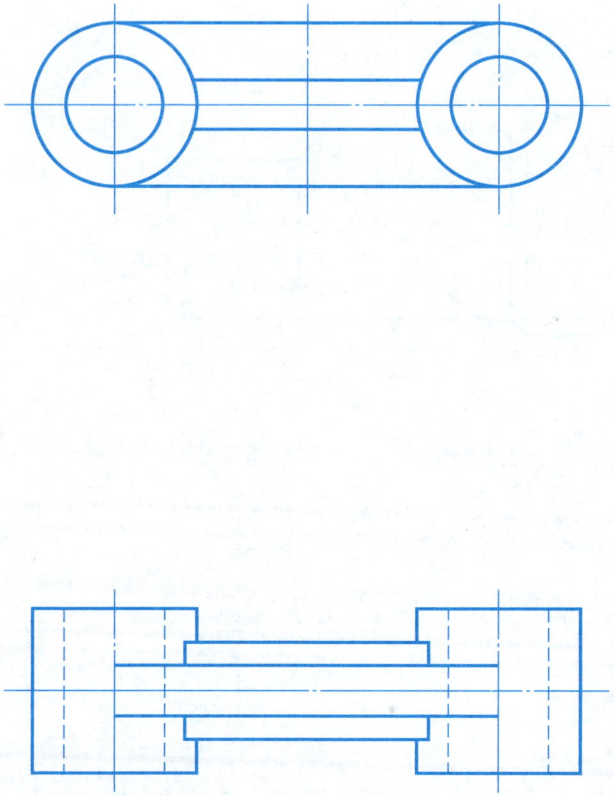

2. 在指定的位置画出移出断面图。

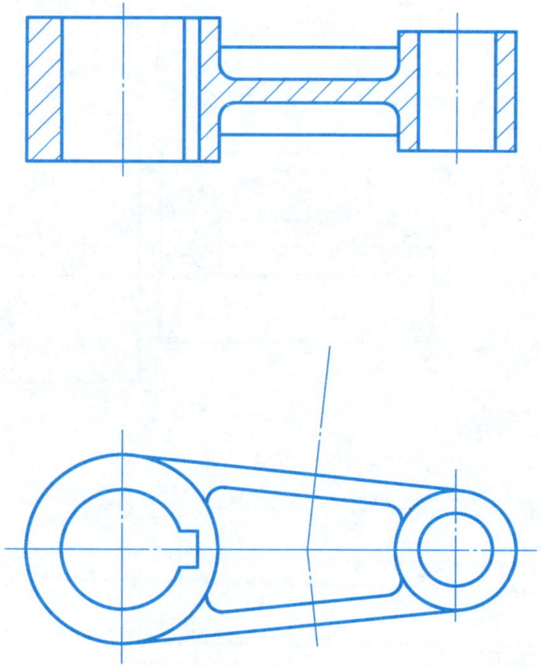

班级 姓名 学号

7-17 断面图(三)——选出正确的断面图

1.

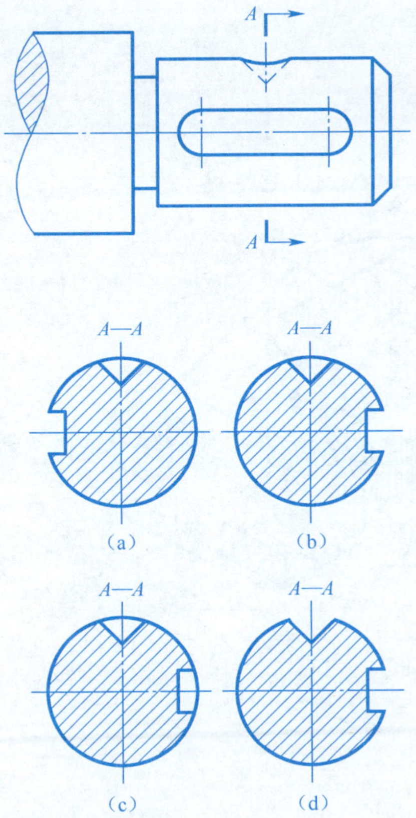

正确的断面图是(　　)

2.

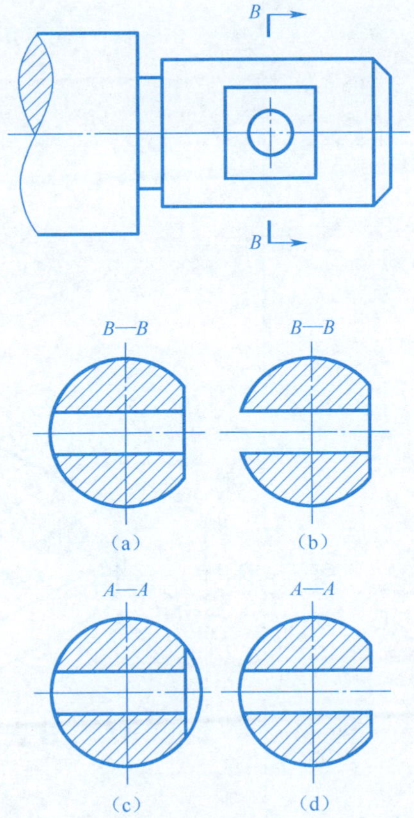

正确的断面图是(　　)

3.

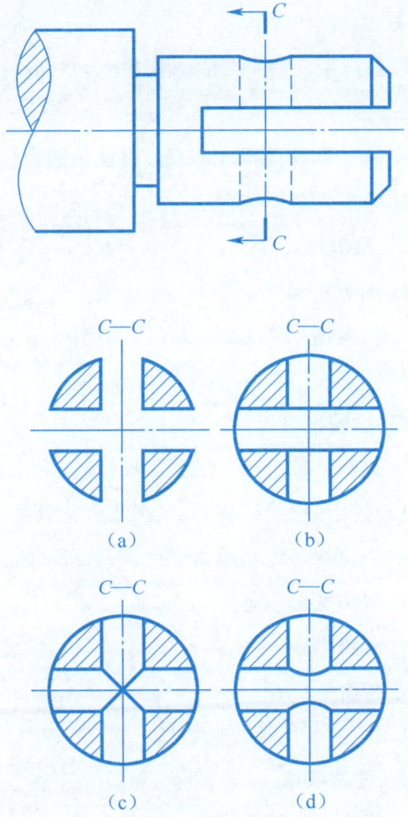

正确的断面图是(　　)

班级　　　　姓名　　　　学号

7-18 机件的表达方法综合练习(一)

机件表达方法综合练习

一、内容

根据模型(或轴测图)画剖视图,并标注尺寸。

二、目的

1. 初步训练选择零件表达方法的能力。

2. 掌握剖视图的画法。

三、要求

1. 用 A3 图纸。

2. 自定图纸横、竖放以及绘图比例。

3. 图形表达清晰完整,尺寸正确。

四、作图步骤

1. 进行形体分析,了解零件的结构形状。

2. 按照零件的结构特点,确定表达方案。

3. 根据规定的图幅选定比例,合理布置图面。

4. 轻画底稿。

5. 画出剖面符号。

6. 检查后描深。

7. 标注尺寸,填写标题栏。

五、注意事项

1. 剖面线一般不应画在底稿上,而应在描深时一次画成。

2. 注意区分哪些剖切位置和剖视图名称应标注,哪些可省略标注。注意局部剖视图中波浪线的画法。

3. 标注尺寸仍须应用形体分析法。

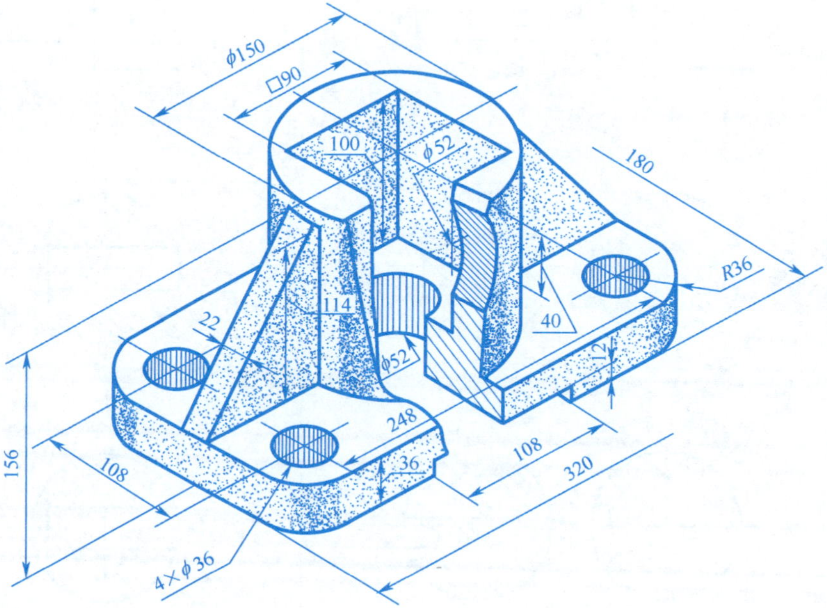

班级　　　　姓名　　　　学号

7-19　机件的表达方法综合练习（二）

1.

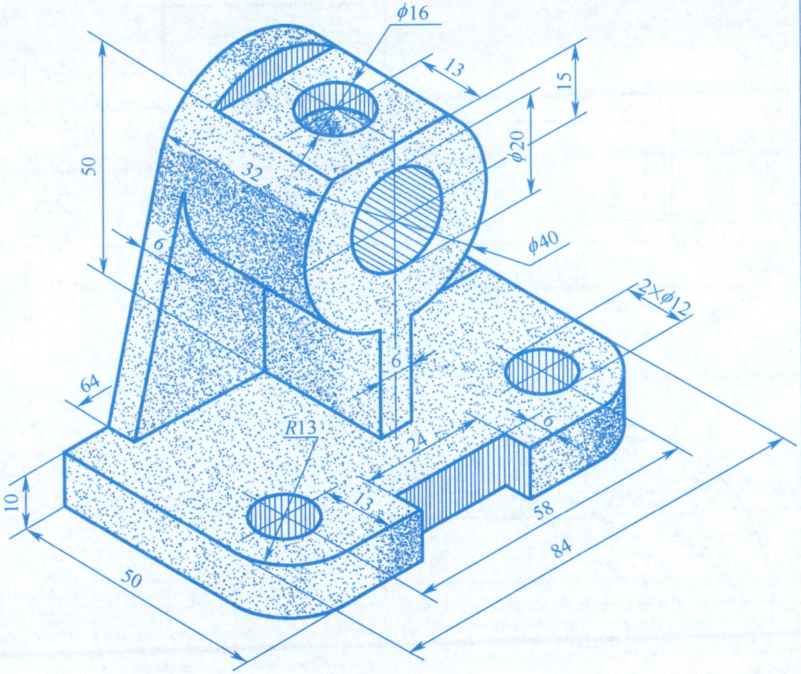

2.

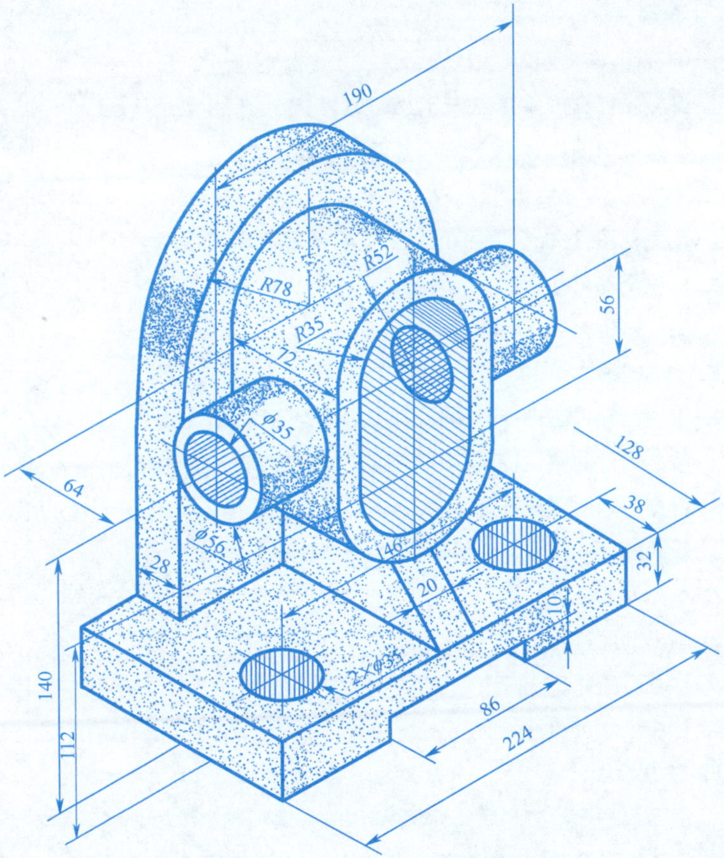

班级　　　　姓名　　　　学号

7-20 机件的表达方法综合练习(三)

剖视图综合练习

一、目的

1. 剖视图、断面图等表达方法，进一步提高空间想象力。

2. 进一步提高形体分析能力及零件结构的表达能力。

3. 训练应用图样画法，选择合适零件的表达方法。

二、内容

1. 读懂视图，选择合适的表达方案，重新表达该零件。

2. 标注全部尺寸。

3. 用 A3 图纸，按 1∶1 绘图。

三、作图步骤

1. 根据已知视图进行形体分析，了解零件的结构形状。

2. 按照零件的结构特点，确定表达的重点，选取表达方案。

3. 根据规定的图幅选定比例，合理布置图面。

4. 轻画底稿。按照各种剖切方法、剖视图和其他画法要求，画出视图将零件表达清楚。

5. 画出剖面符号。

6. 检查后描深。

7. 标注尺寸，填写标题栏。

四、注意事项

1. 剖面线一般不应画底稿，而在描深时一次画成。

2. 注意区分哪些剖切位置和剖视图名称应标注，哪些可省略标注。注意局部剖视图中波浪线的画法。

3. 标注尺寸仍须应用形体分析法。

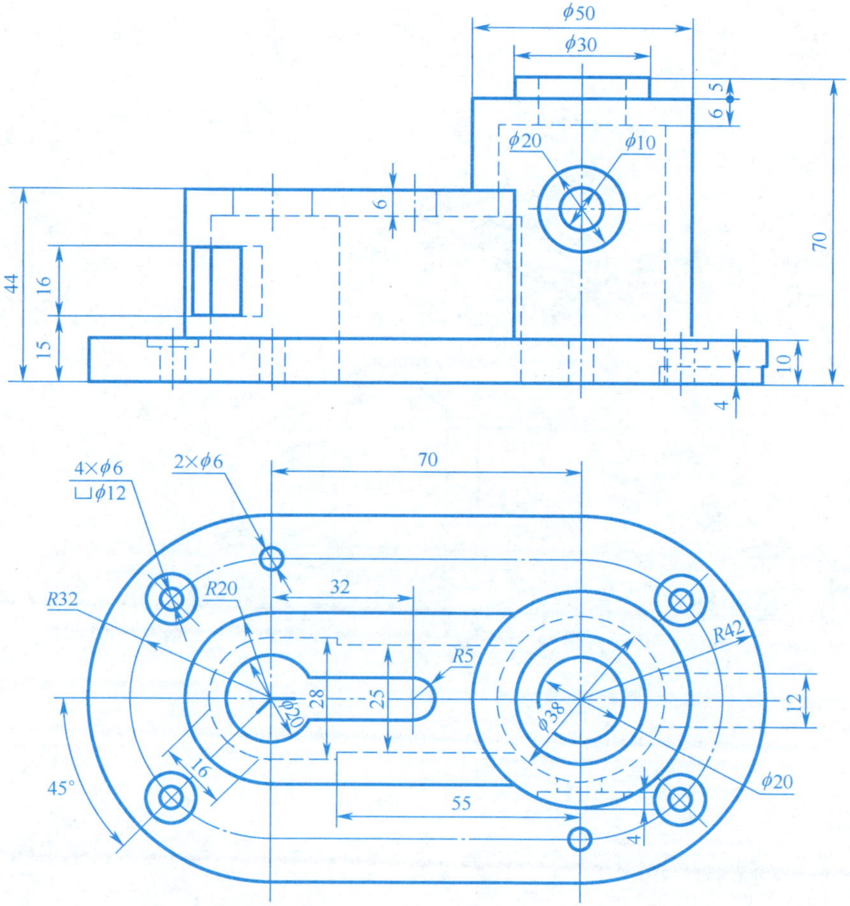

班级　　　　姓名　　　　学号

第 8 章　标准件与常用件

8-1　螺纹画法——识别下列螺纹的错误画法，并画出正确的图形

1.

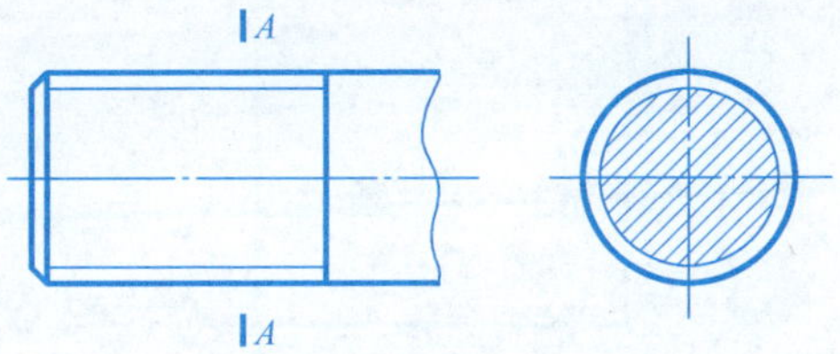

2.

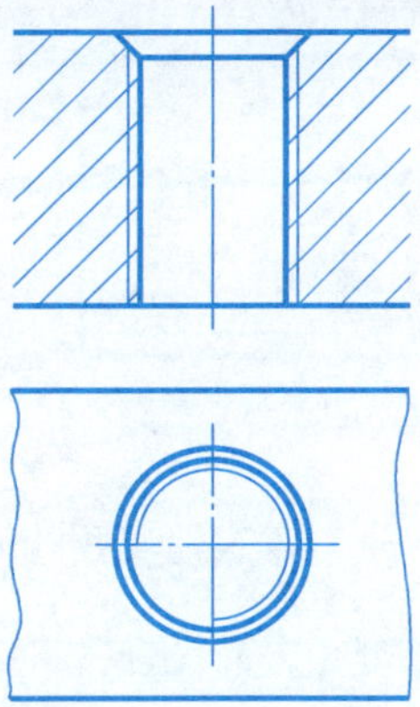

3.

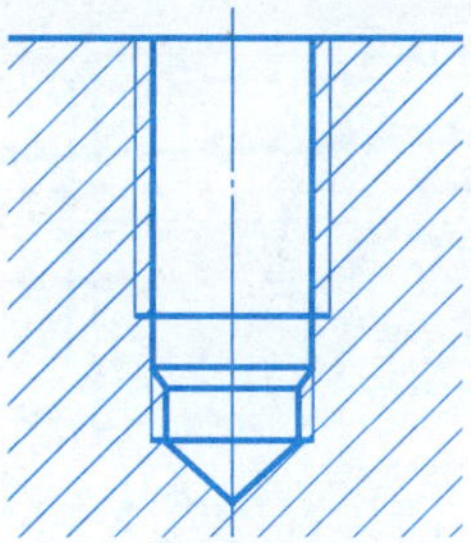

4.

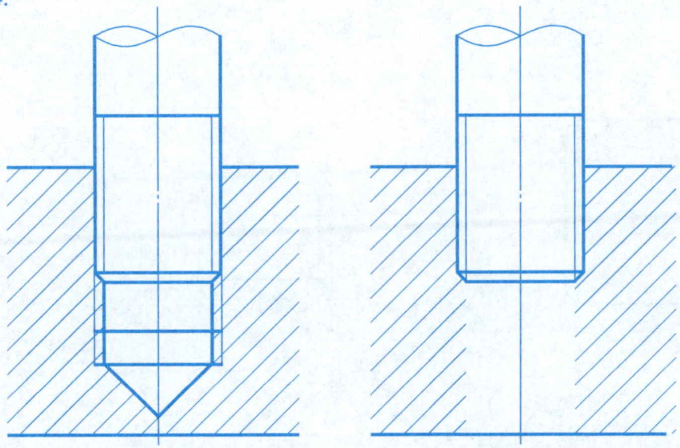

5.

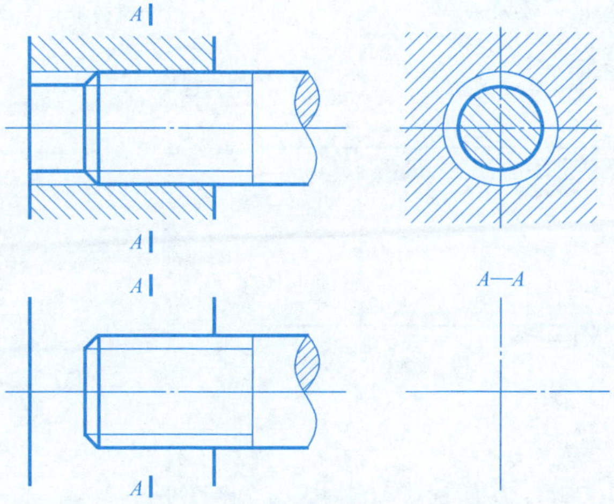

班级　　　　姓名　　　　学号

8-2 螺纹的标注

1. 粗牙普通螺纹大径 16 mm，右旋，中、顶径公差带代号为 6g，中等旋合长度。

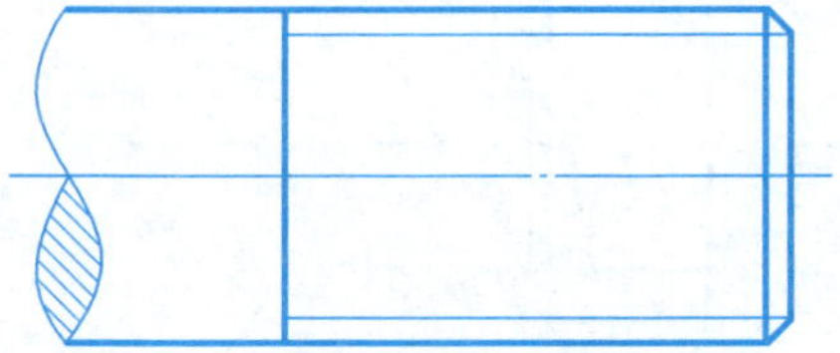

2. 粗牙普通螺纹，大径 18 mm，螺距 1.5 mm，左旋，中、顶径公差带代号为 6h，中等旋合长度。

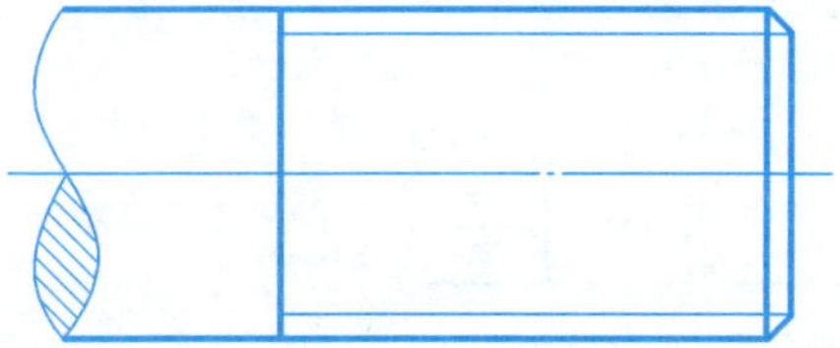

3. 粗牙普通螺纹大径 16 mm，右旋，中、顶径公差带代号为 6H，中等旋合长度。

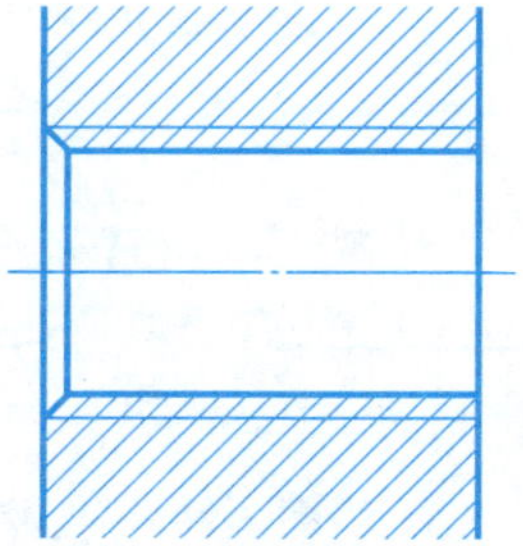

4. 55°非螺纹密封的圆柱管螺纹，尺寸代号为 3/4，左旋，公差等级为 A 级。

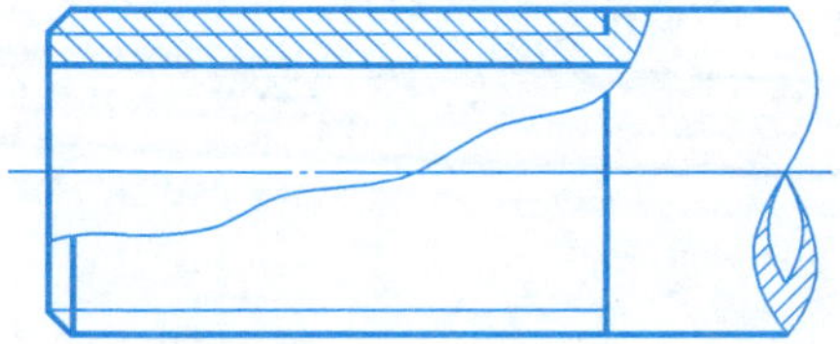

5. 梯形螺纹，公称直径 20 mm，导程 14 mm，双线，右旋，中径公差带代号为 8e，中等旋合长度。

6. 锯齿形螺纹，公称直径 38 mm，螺距 5 mm，单线，左旋，中径公差带代号为 7H，中等旋合长度。

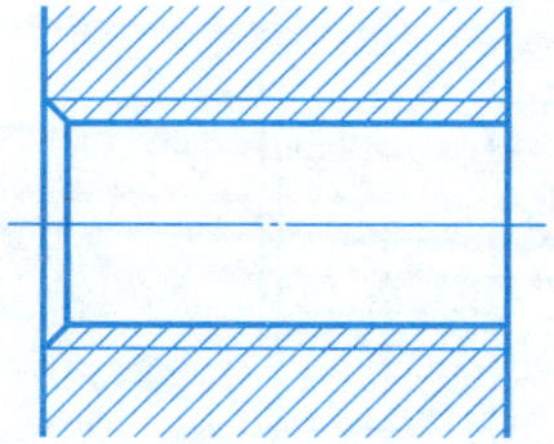

班级　　　　姓名　　　　学号

8-3 标准件的标注,并写出规定标记(一)

1. 六角头螺栓—C 级:M12,l=45 mm。

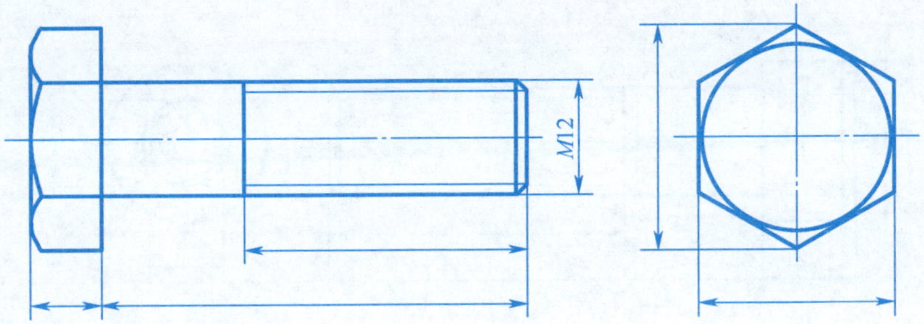

标记:________________

2. Ⅰ型六角螺母—A 级。

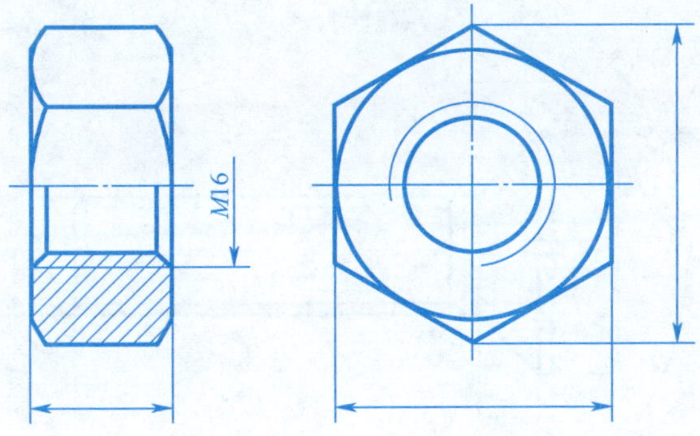

标记:________________

3. 螺柱(B 型,b_m=1.25d):M12,l=45 mm。

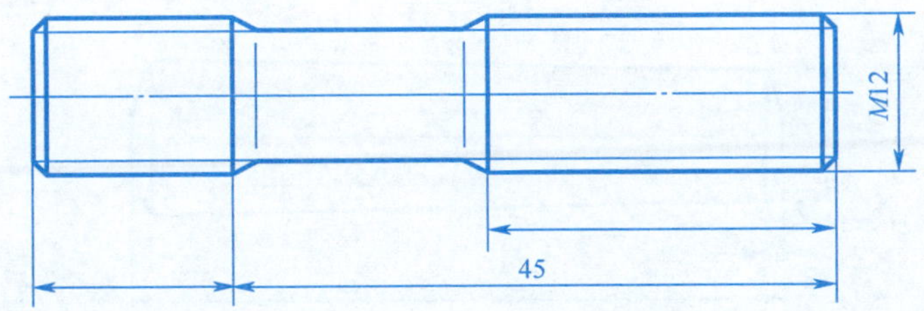

标记:________________

4. 垫圈倒角型—A 级。

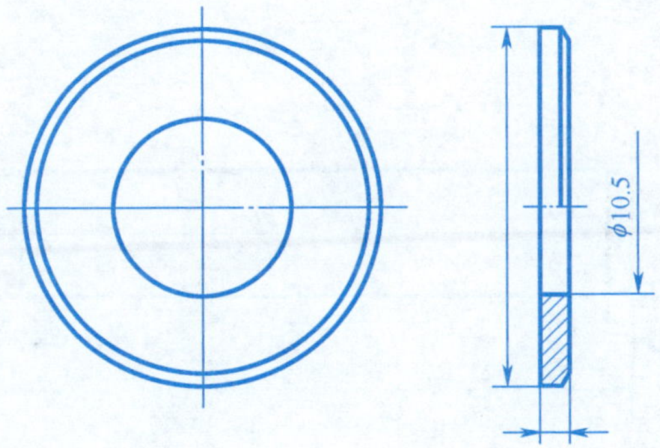

标记:________________

班级　　　　姓名　　　　学号

1. 开槽沉头螺钉。

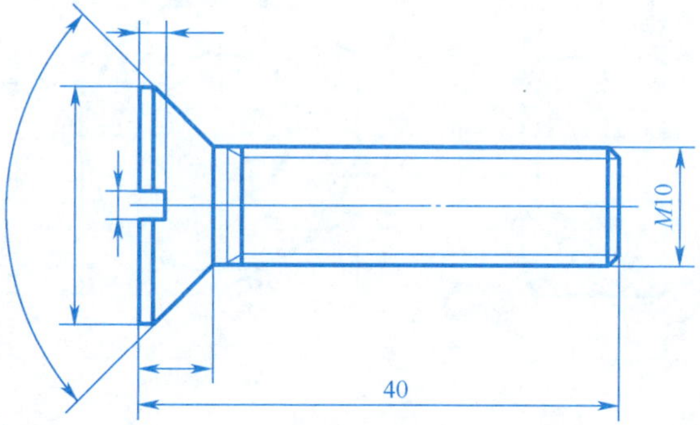

标记：____________________

2. 内六角螺钉—A 级。

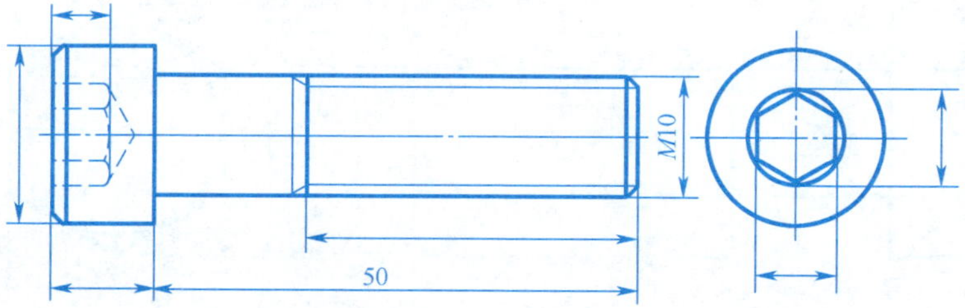

标记：____________________

3. 圆柱销(公称直径 8 mm，长度 40 mm，公差 h8)。

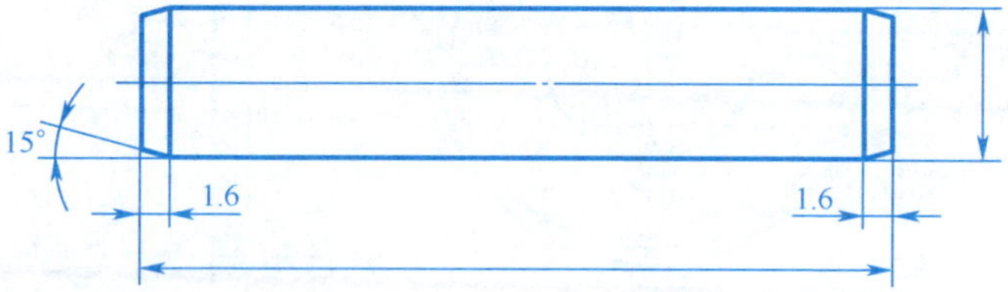

标记：____________________

4. 圆锥销(A 型，公称直径 8 mm，长度 40 mm)。

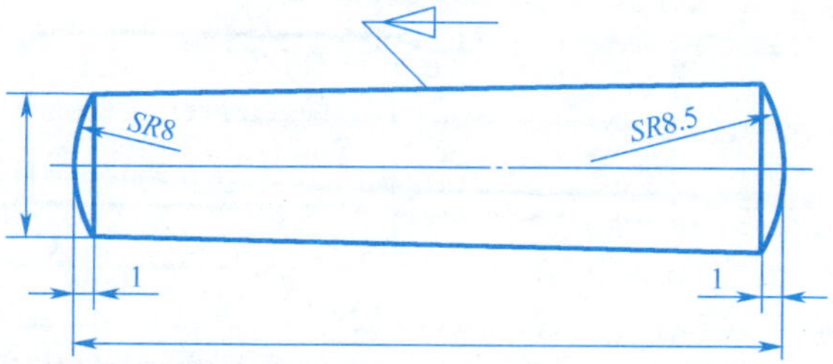

标记：____________________

班级　　　　姓名　　　　学号

8-5 螺栓连接与螺钉连接画法(一)

1. 补全螺栓连接三视图中所缺的图线。

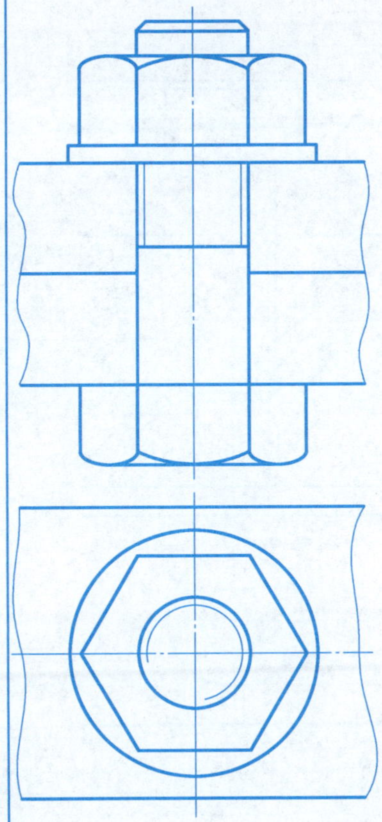

2. 分析螺钉连接两视图中的错误(左),完成右边正确的图形。

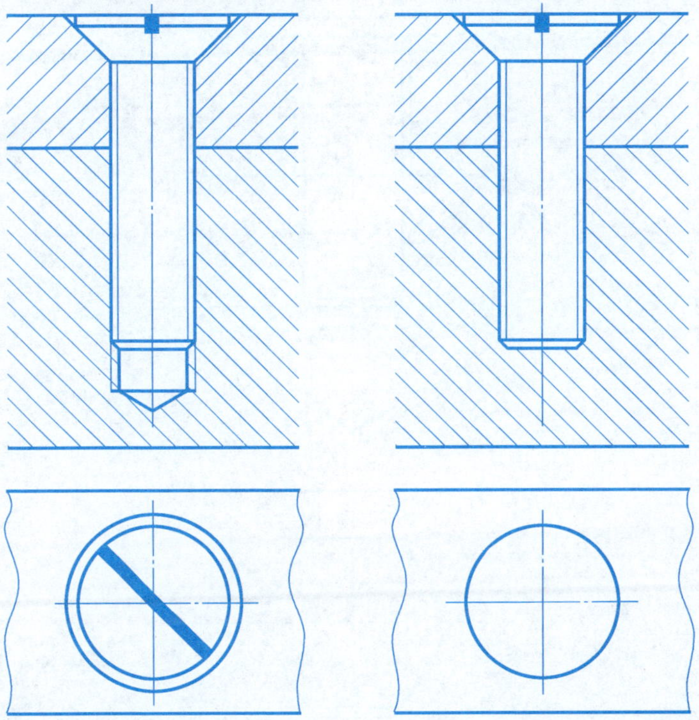

班级　　　　姓名　　　　学号

8-6　螺柱连接与螺钉连接画法(二)

1. 补全螺柱连接两视图中所缺的图线(弹簧垫圈)。

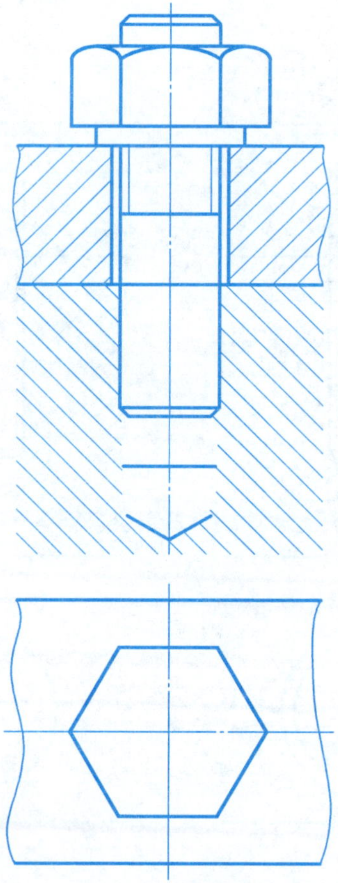

2. 分析螺钉连接两视图中的错误(左),在右边视图中补画所缺的图线。

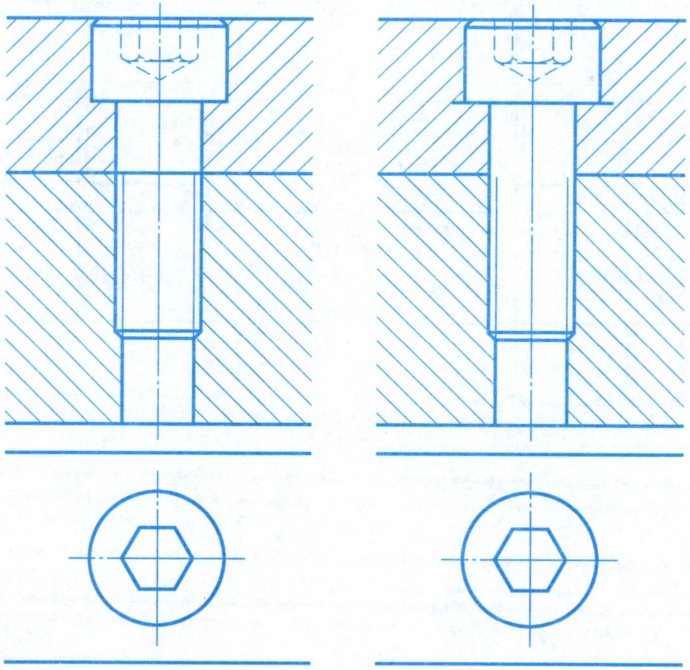

班级　　　　姓名　　　　学号

绘制螺栓连接

一、目的

巩固螺纹连接件所学知识，掌握螺纹连接件的比例作图方法。

二、内容

用比例画法作螺栓连接的三视图。

已知螺栓 M20、螺母 M20、平垫圈 20，被连接件厚度 $t_1 = 20$ mm，$t_2 = 30$ mm。

三、要求

1. 用 A3 图纸，横放，比例 1：1。

2. 主视图画成全剖视图，其余画成视图形式。

3. 根据给出的公称尺寸和被连接件厚度与材料，计算确定螺栓的规格尺寸。

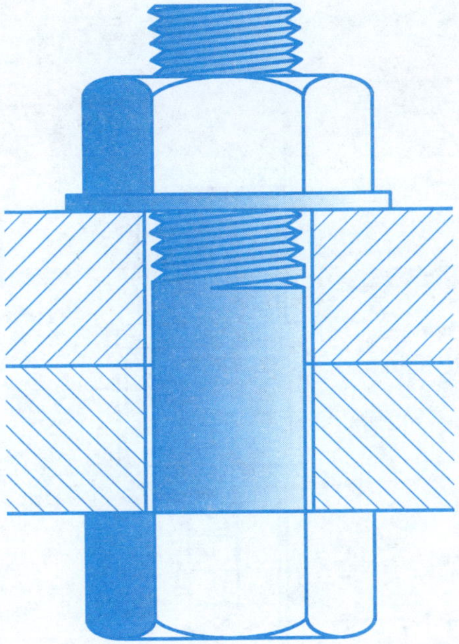

班级　　姓名　　学号

8-8 直齿圆柱齿轮画法

已知直齿圆柱齿轮 $m=5$ mm、$Z=40$，轮齿端部倒角 C2，试完成齿轮两视图（1∶2），并标注尺寸。

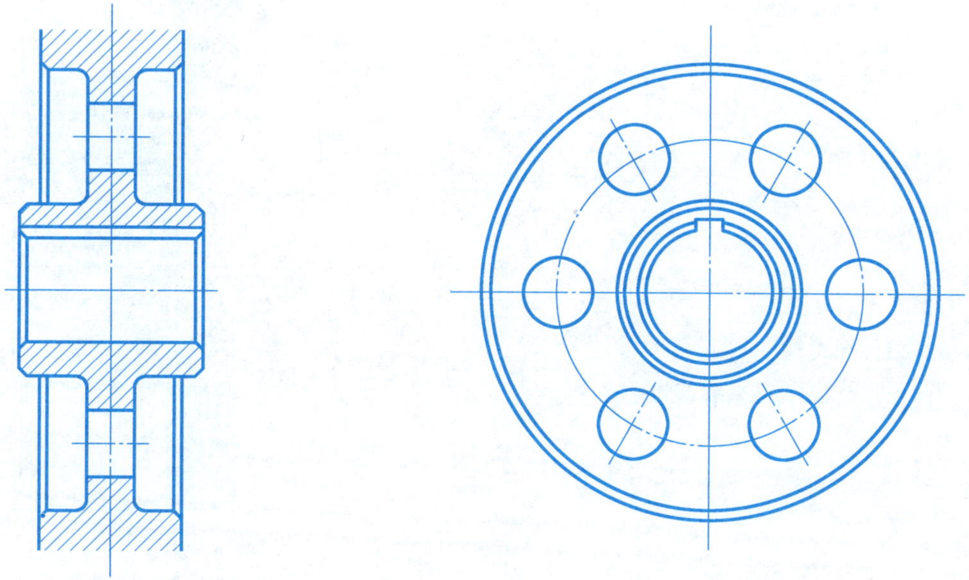

班级　　　　　　姓名　　　　　　学号

8–9　直齿圆柱齿轮啮合画法

已知直齿圆柱大齿轮 $Z_1=40$，$m=4$ mm，两齿轮中心距 $a=120$ mm。试计算大、小齿轮的基本尺寸，并用 1：2 完成齿轮啮合图。

计算

1. 小齿轮

分度圆直径 $d_1=$__________

齿顶圆直径 $d_{a1}=$__________

齿根圆直径 $d_{f1}=$__________

2. 大齿轮

分度圆直径 $d_2=$__________

齿顶圆直径 $d_{a2}=$__________

齿根圆直径 $d_{f2}=$__________

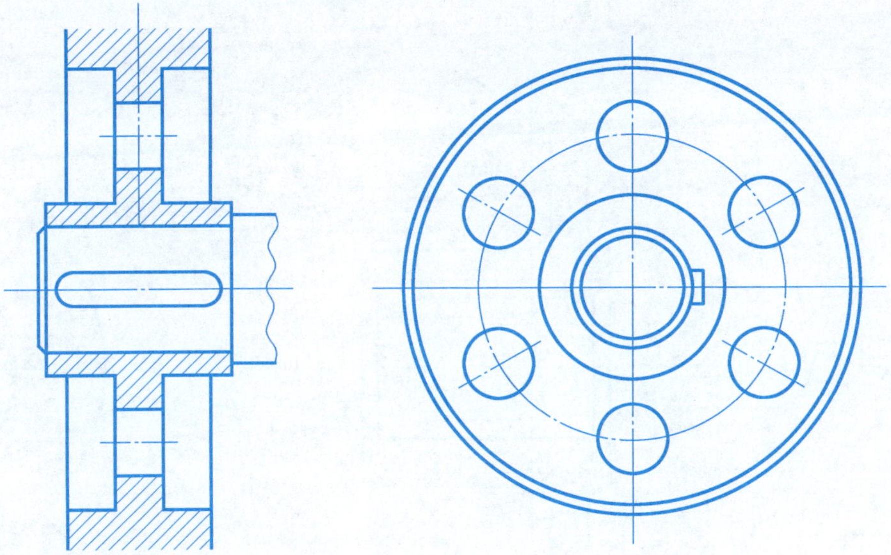

班级　　　　　　　　姓名　　　　　　　　学号

8-10　直齿圆锥齿轮画法

已知直齿圆锥齿轮 $m=4$ mm、$z=25$，分度圆锥角 $\delta_1=45°$，试计算齿轮的基本尺寸，完成圆锥齿轮的视图(1∶1)。

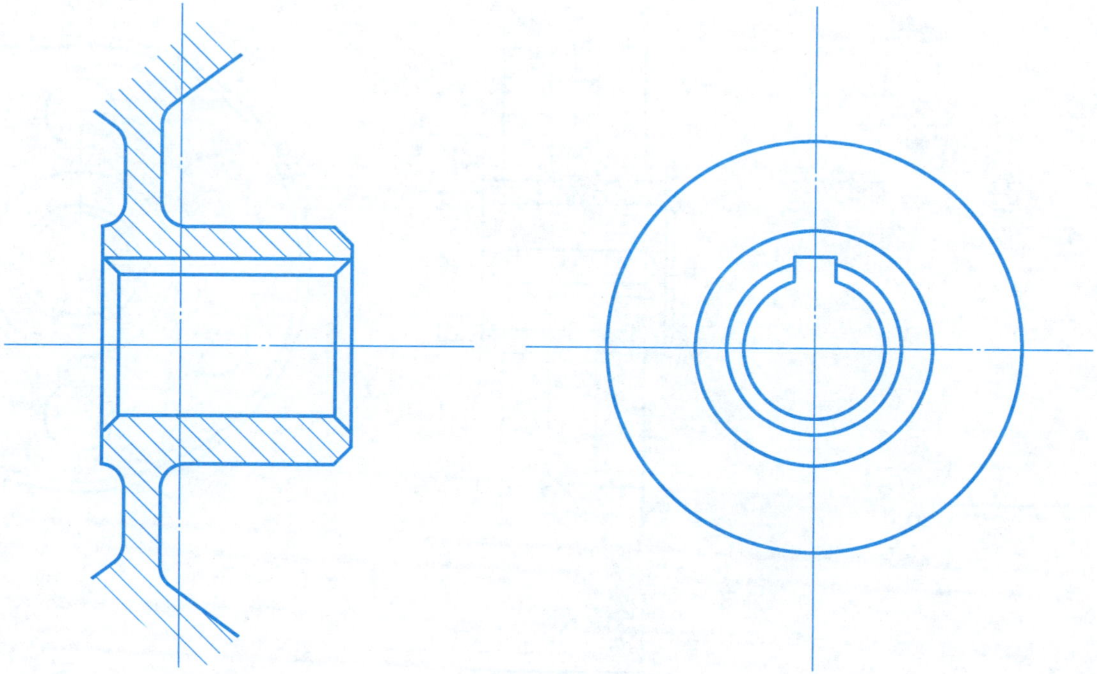

班级　　　　姓名　　　　学号

绘制齿轮工作图

一、目的

了解齿轮的测绘方法步骤，掌握齿轮的画法。

二、内容

根据实物(或轴测图)测绘一标准直齿圆柱齿轮。

三、要求

1. 用 A3 图纸，横放，比例 1∶1。
2. 测量并计算齿轮模数，取标准模数。
3. 计算齿轮的基本尺寸。
4. 画出齿轮的草图。
5. 键槽尺寸查表标准化。
6. 齿轮工作图尺寸完整，并标注技术要求。
7. 图中右上角列出模数 m、齿数 z、压力角 α 和精度等级参数表。

四、图例

见右图，轮毂、轮缘斜度为 1∶20，齿轮、轮毂孔倒角为 C2，齿轮材料 HT150。

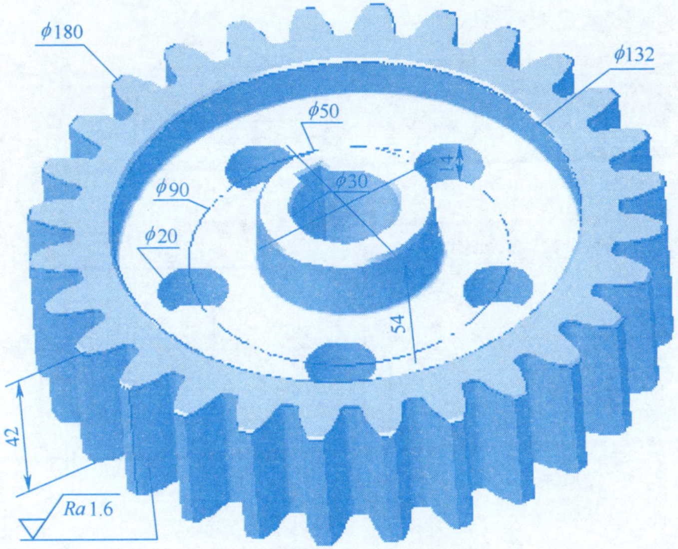

班级 姓名 学号

8-12 键及键连接——轴、孔直径 25 mm，键长 25 mm，用 A 型普通平键连接

1. 按 1 : 1 比例完成轴和齿轮的图形，并标注轴、孔及键槽(查标准)尺寸。

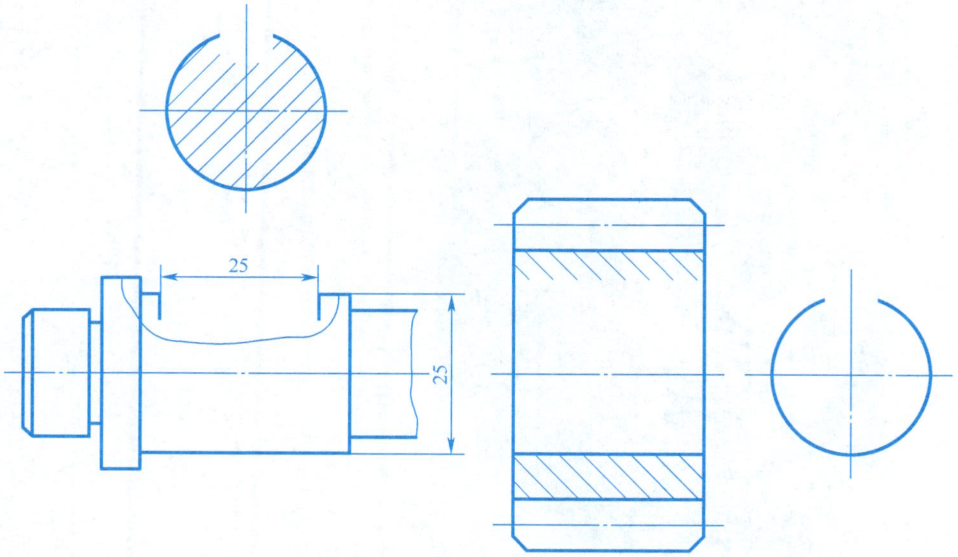

2. 完成轴和齿轮用键连接的图形。

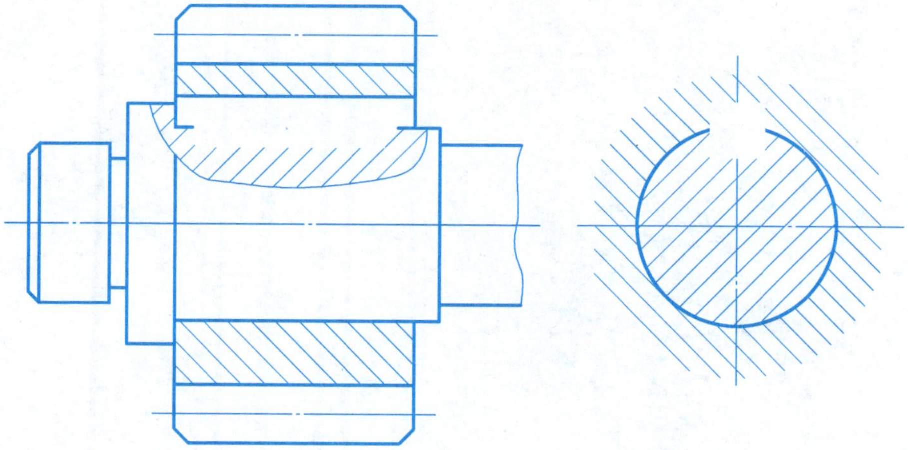

班级　　　　　　　　姓名　　　　　　　　学号

8-13 圆柱销、滚动轴承、弹簧的画法

1. 齿轮与轴用直径为 ϕ10 mm 的圆柱销连接，画出销连接的剖视图，比例 1 : 1，并写出圆柱销的规定标记。

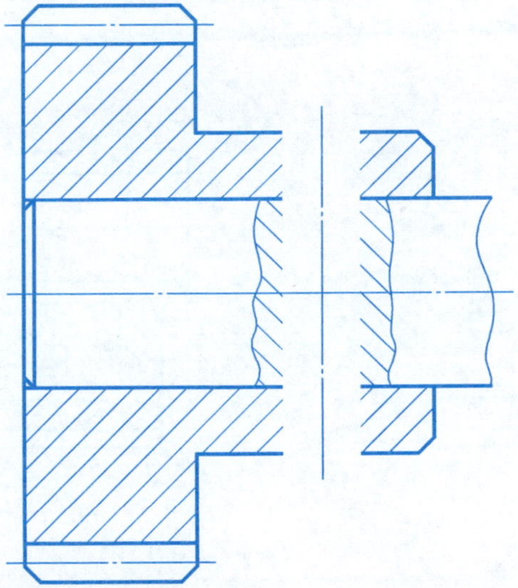

销的规定标记：____________________

2. 用规定画法画出 6205 轴承(右端面紧靠轴肩)。

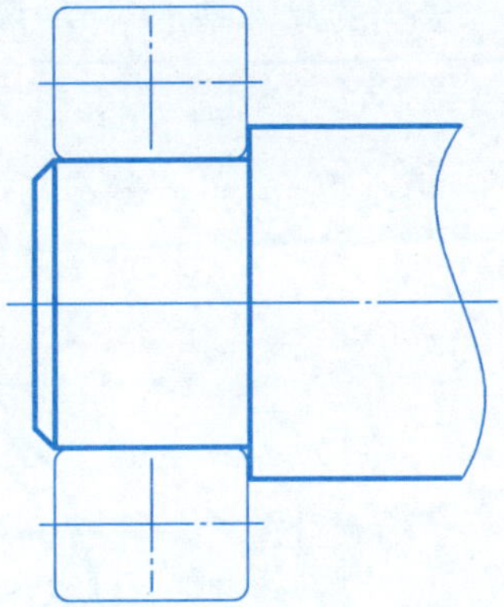

3. 用规定画法画出 30205 轴承(右端面紧靠轴肩)。

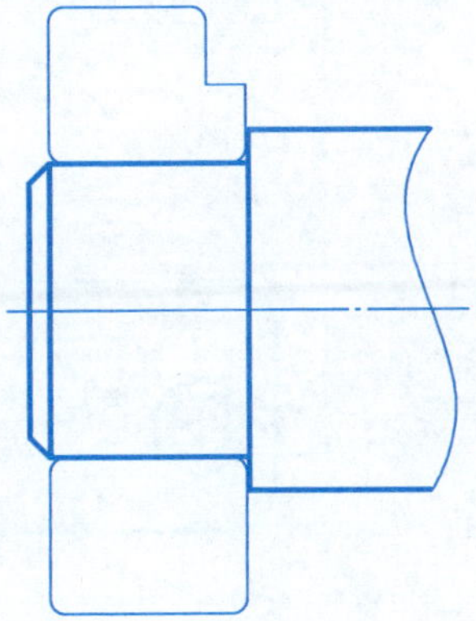

4. 已知圆柱螺旋压缩弹簧簧丝直径 5 mm，弹簧中径 40 mm，节距 10 mm，弹簧自由高度为 76 mm，支承圈数 n_0 = 2.5，右旋。试画出弹簧的全剖视图，比例 1 : 1。

班级　　　　姓名　　　　学号

第9章　零　件　图

9-1　零件图的尺寸标注——根据尺寸标注的要求，选择恰当的尺寸基准，标注尺寸，尺寸数字按 1∶1 的比例从图中量取

1.

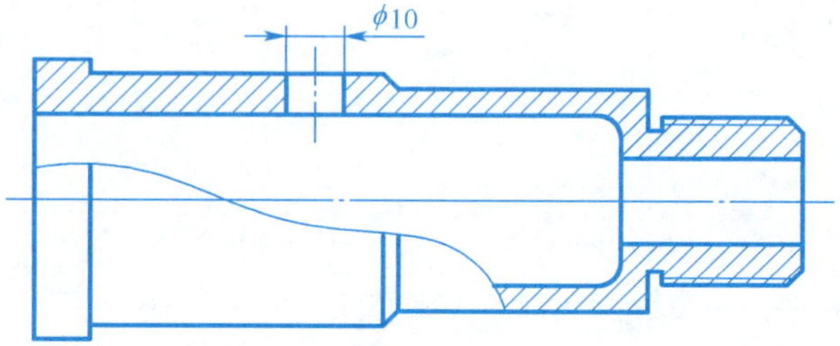

2.

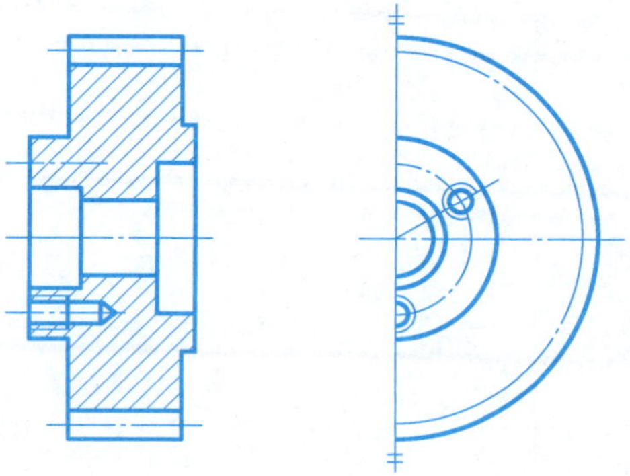

3.

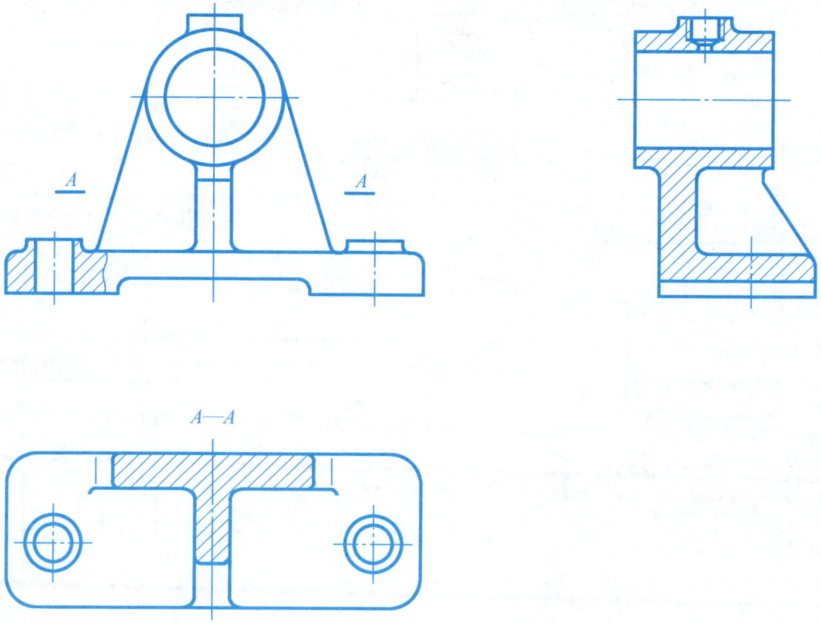

班级　　　　姓名　　　　学号

9-2 零件的工艺结构

1. 看懂下列图形的结构，不合理的结构是(　　　　)。

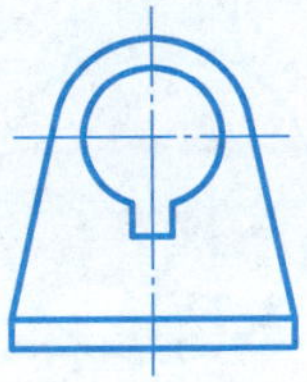
(a)

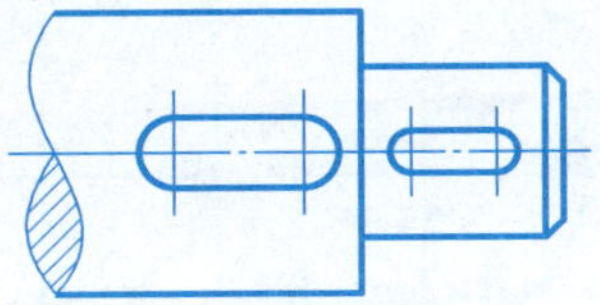
(b)

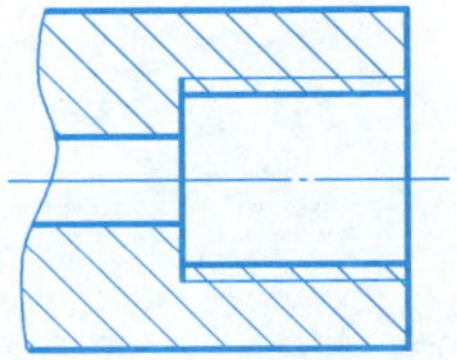
(c)

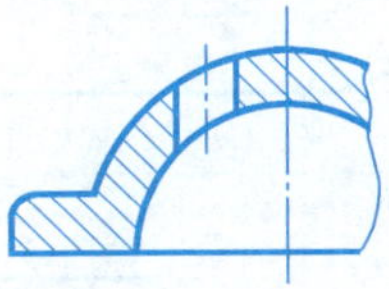
(d)

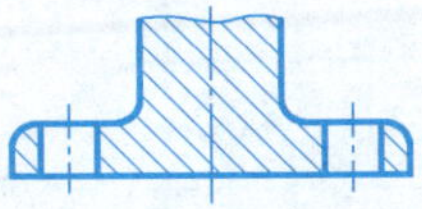
(e)

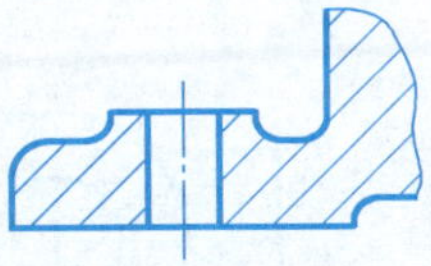
(f)

2. 看懂铸件的一个视图，图中尺寸标注不合理的是(　　　　)。

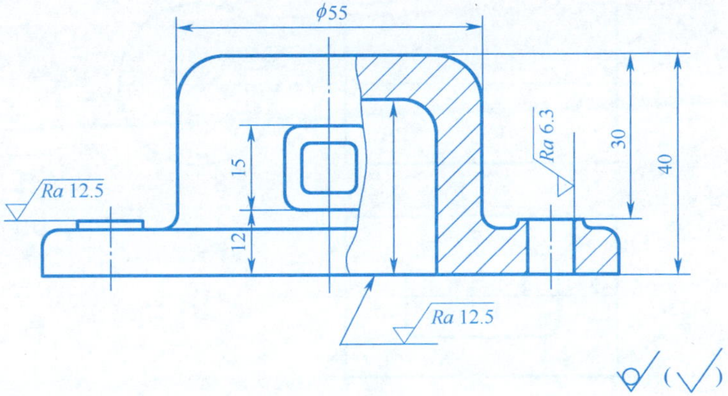

(a) 30　　(b) 12　　(c) 12、40、32　　(d) 12、32、30

3. 看懂退刀槽的尺寸，标注正确的有(　　　　)。

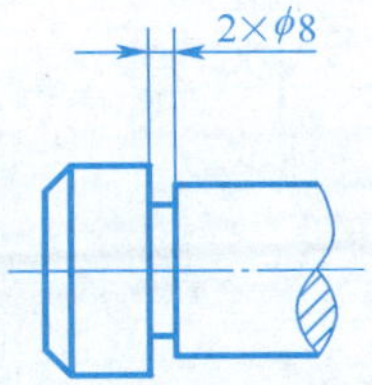

(a)

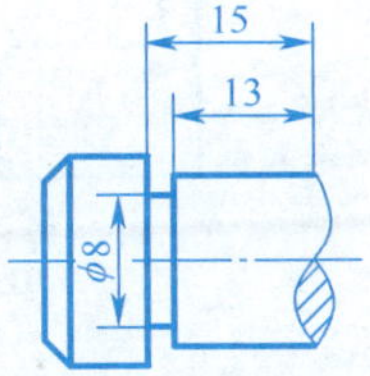

(b)

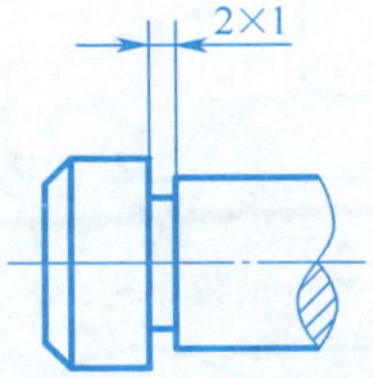

(c)

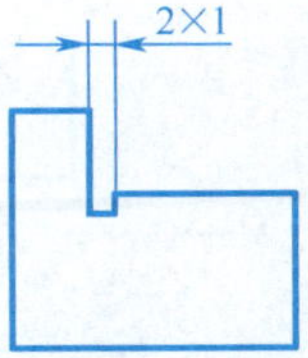

(d)

班级　　　　姓名　　　　学号

9-3 零件的工艺结构——补画视图中所缺漏的过渡线

1.

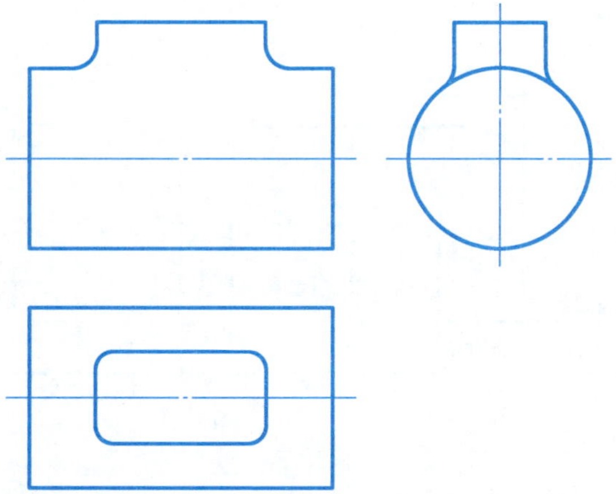

2.

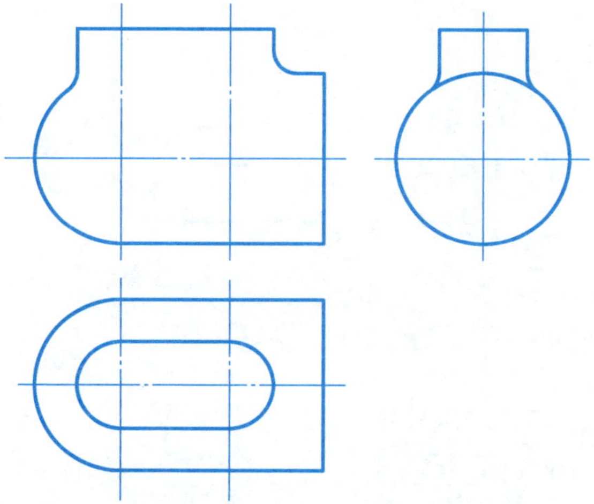

3.

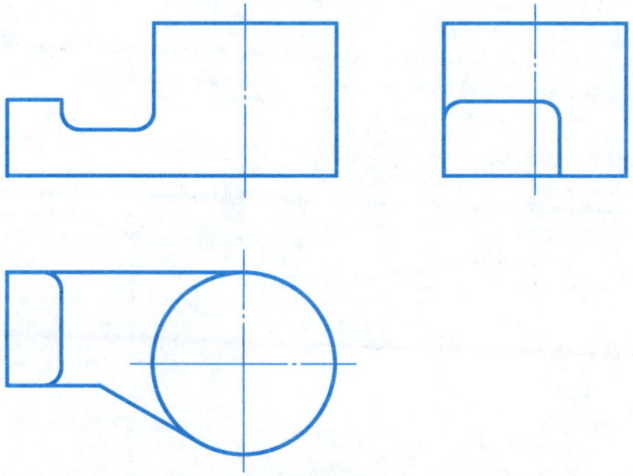

4.

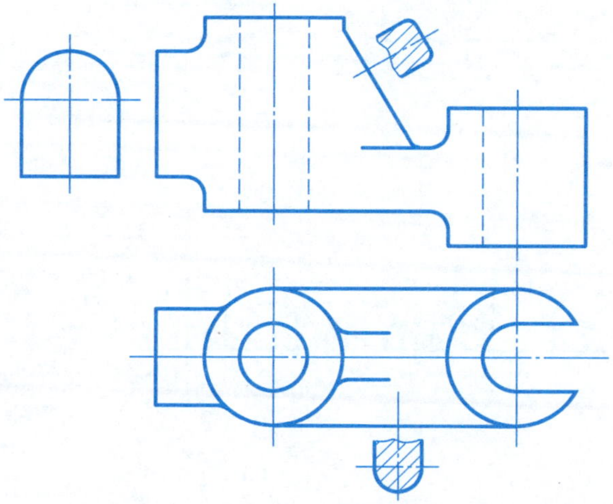

班级　　　　　　　　姓名　　　　　　　　学号

9-4　表面粗糙度标注练习

1. 分析表面粗糙度标注中的错误，在下面的图中按规定重新标注。

（1）

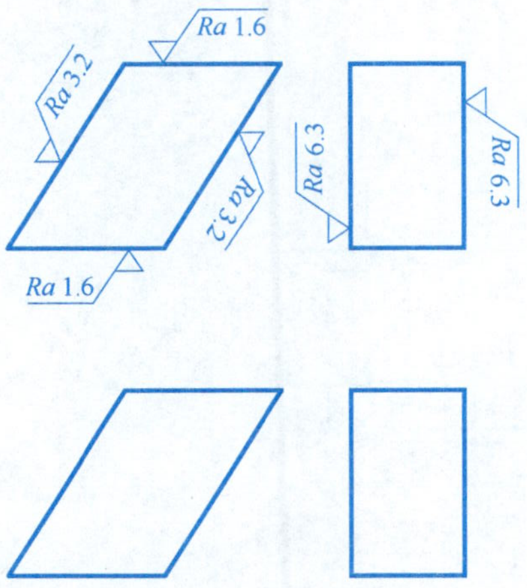

（2）

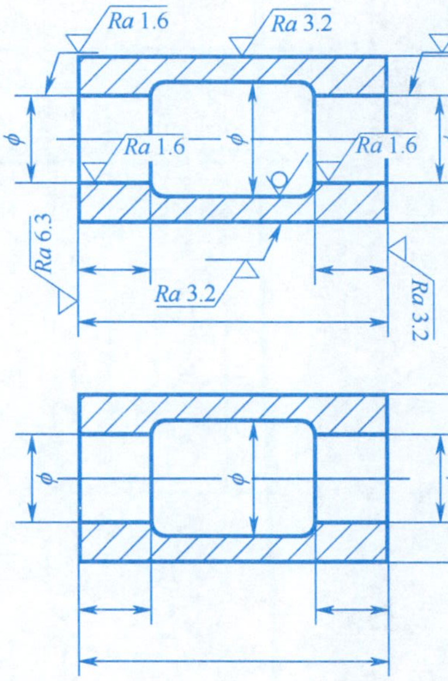

2. 将给出的表面粗糙度代号标注在图上。

（1）孔 ϕ30H7 内表面 *Ra* 的上限值为 1.6 μm；键槽两侧面 *Ra* 的上限值为3.2 μm；键槽顶面 *Ra* 的上限值为 6.3 μm；其余表面 *Ra* 的上限值为 12.5 μm。

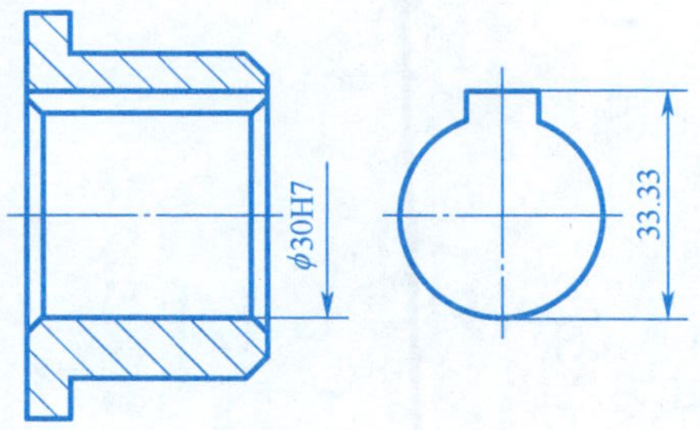

（2）ϕ15 mm 孔两端面 *Ra* 的上限值为 12.5 μm；ϕ15 mm孔内表面 *Ra* 的上限值为 3.2 μm；底面 *Ra* 的上限值为 12.5 μm；其余均为非加工表面。

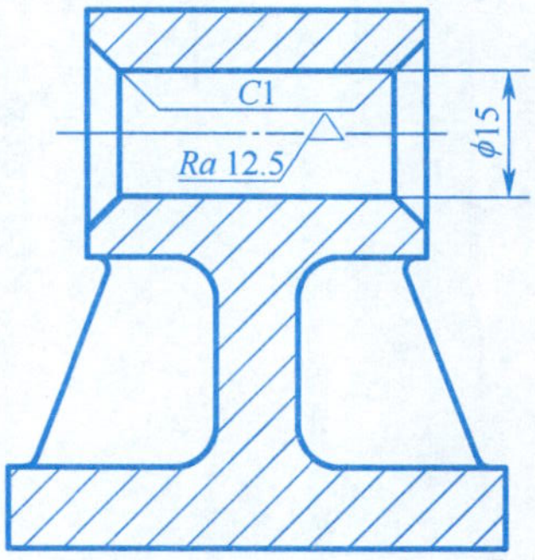

班级　　姓名　　学号

9-5 极限与配合练习(一)

1. 根据装配图中所标注的配合代号,说明其配合的基准制、配合种类,并分别在相应的零件图上注写其基本尺寸和公差带代号。

(1) $\phi15H7/g6$ 基准制:________ 配合种类:________

$\phi25H7/p6$ 基准制:________ 配合种类:________

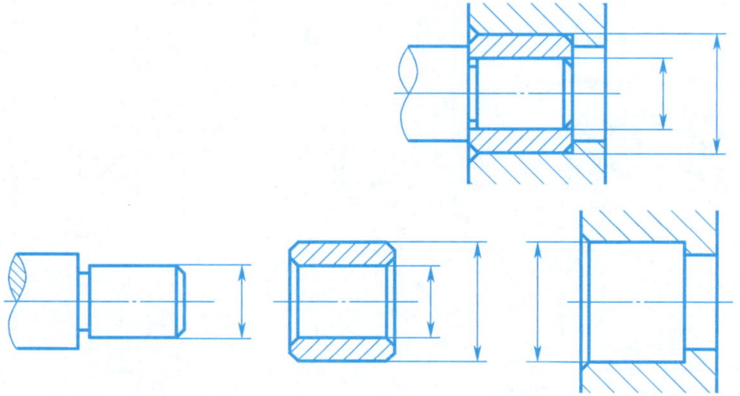

(2) $\phi10G7/h6$ 基准制:________ 配合种类:________

$\phi10N7/h6$ 基准制:________ 配合种类:________

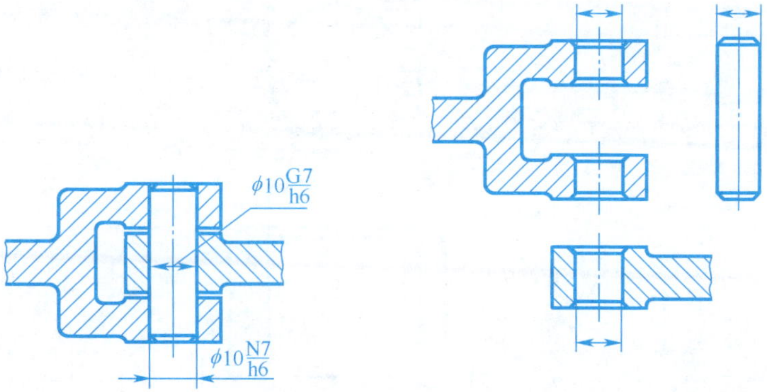

2. 已知孔和轴的基本尺寸为20,采用基轴制配合,轴的公差等级为IT7级,孔的基本偏差代号为F,公差等级为IT8。

(1)在相应的零件图上注出基本尺寸、公差带代号和偏差数值;

(2)在装配图中注出基本尺寸和配合代号;

(3)画出孔和轴的公差带图。

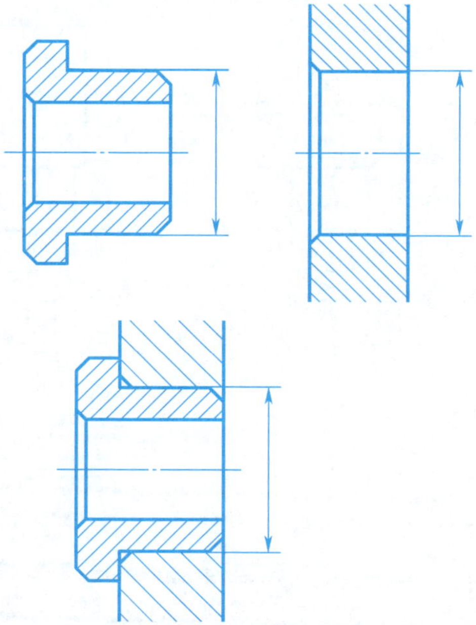

班级 姓名 学号

9-6 极限与配合练习(二)

根据装配图中的配合代号,在零件图上分别标出孔和轴的尺寸及公差带代号,查出偏差数值并填空。

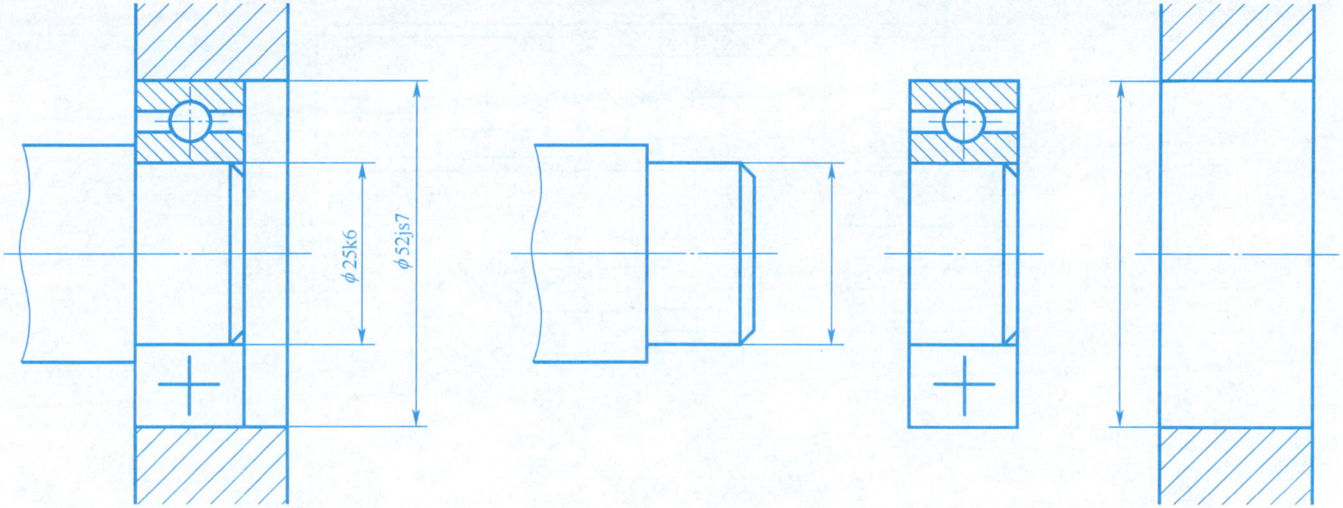

轴承内孔与轴的配合制度是__________制,轴的基本偏差代号为__________,是__________配合;

轴承外圈与孔的配合制度是__________制,孔的基本偏差代号为__________,公差等级是__________。

班级　　　　姓名　　　　学号

9-7 形位公差练习(一)——用文字说明形位公差代号的含义

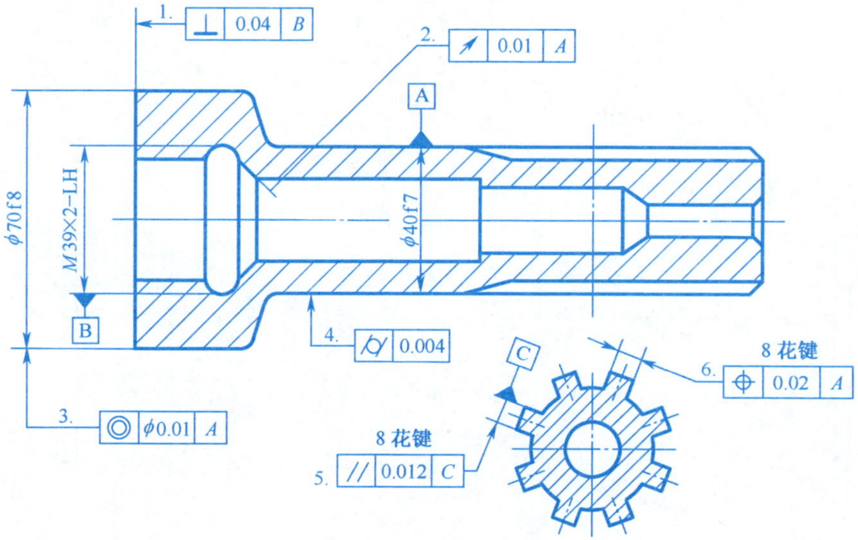

用文字说明：

1.

2.

3.

4.

5.

6.

班级 姓名 学号

9-8 形位公差练习(二)

分析图中形位公差标注的错误,并在右图上重新正确地标注。

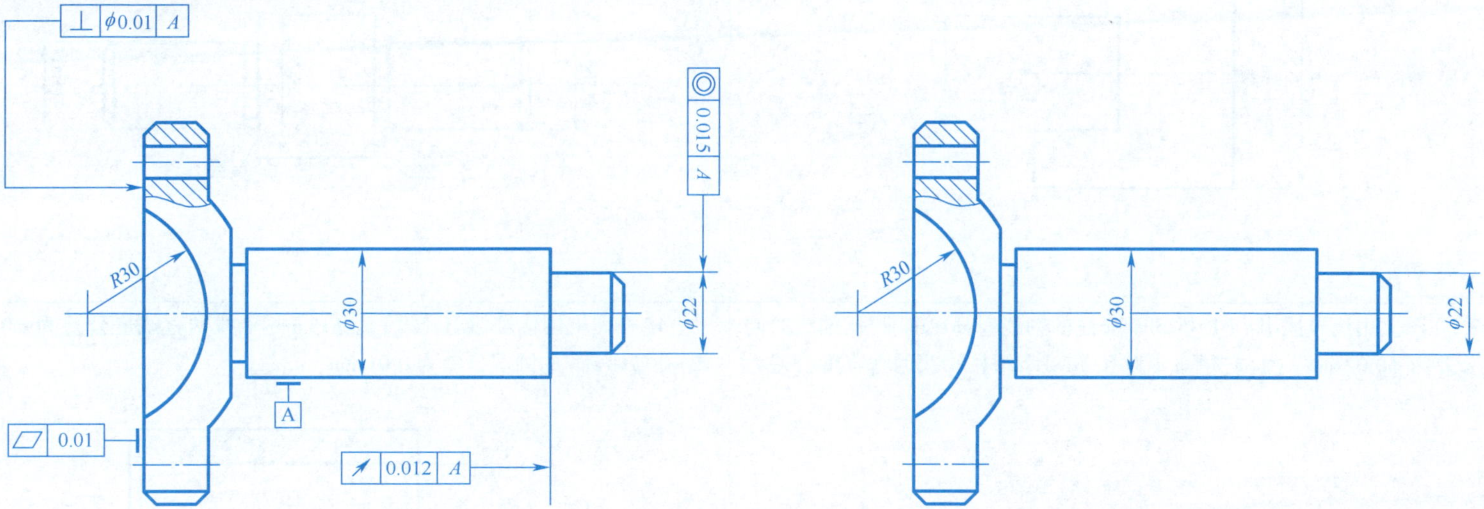

班级　　　　姓名　　　　学号

9-9 形位位公差练习(三)——把用文字说明的形位公差,用代号标注在图上

1. 在图上用代号标出:槽 20 mm 对距离为 40 mm 的两平面的对称度公差为 0.06 mm。

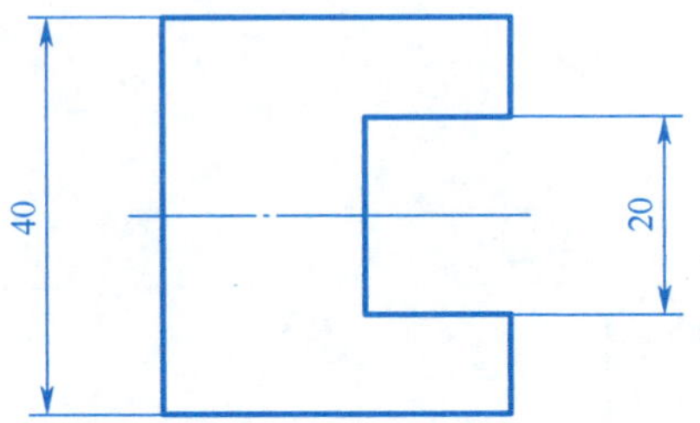

2. 在图上用代号标出:(1)轴肩 A 对 ϕ15h6 轴线的端面圆跳动公差为 0. 03 mm。(2)ϕ25r7 圆柱对 ϕ15h6 圆柱轴线的径向圆跳动公差为 0.03 mm。

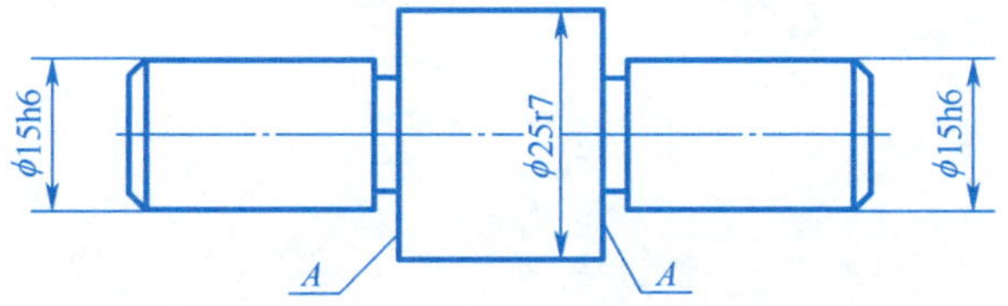

3. 在图上用代号标出:(1)ϕ25h6 圆柱的轴线对 ϕ18H7 圆孔轴线的同轴度公差为 ϕ0.02 mm。(2)右端面 A 对孔 ϕ18H7 圆柱轴线的垂直度公差为 0.04 mm。

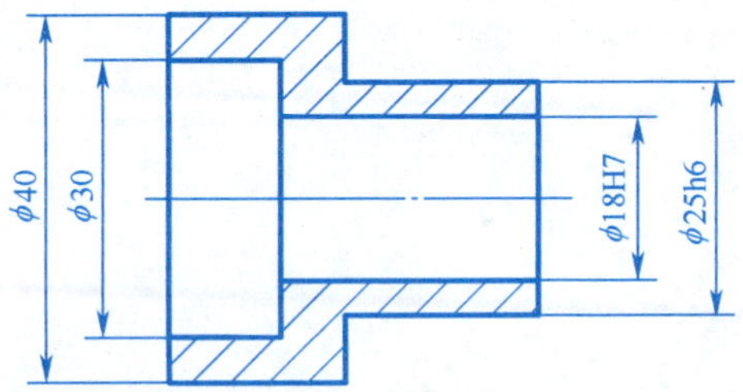

4. 在图上用代号标出:(1)孔 ϕ18 mm 轴线的直线度公差为 ϕ0.02 mm。(2)孔 ϕ18 mm 的圆度公差为 0.01 mm。

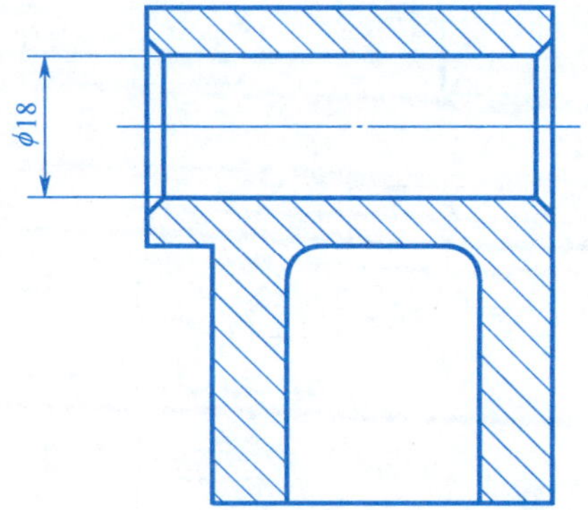

班级　　　　姓名　　　　学号

9-10　读零件图一

读齿轮轴零件图，在指定位置补画 *A*—*A* 断面图，并完成填空题。

模数	m	2
齿数	z	18
压力角	α	20°
精度等级	7FL	

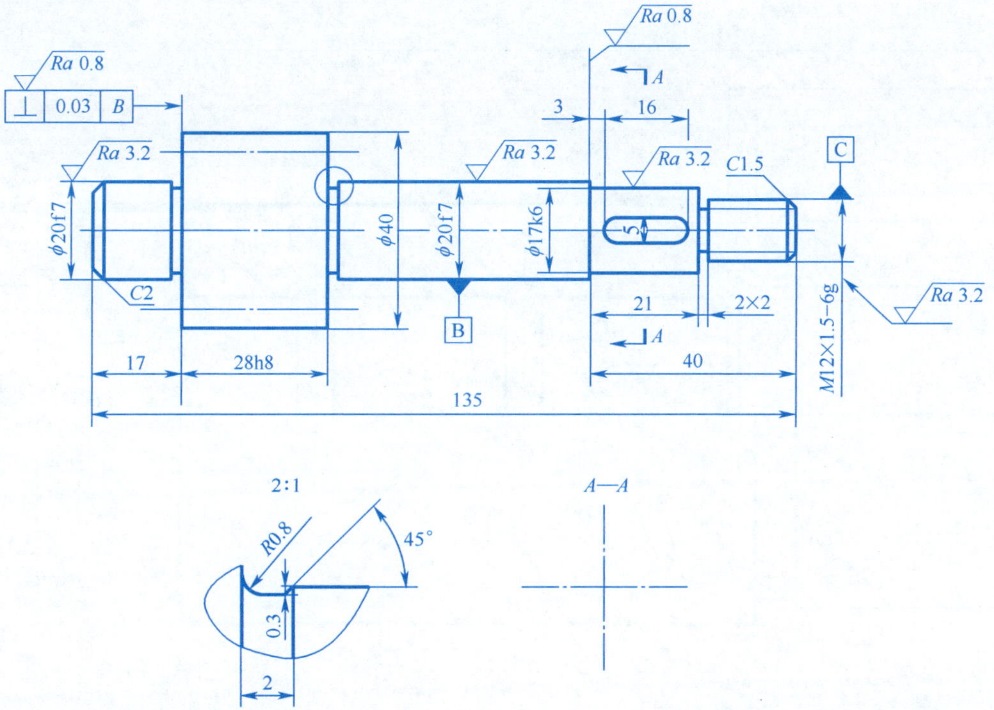

Ra 12.5 (√)

1. 说明 φ20f7 的含义：φ20 为＿＿＿＿＿＿，f7 是＿＿＿＿＿＿＿＿＿＿，如将 φ20f7 写成有上下偏差的形式，注法是＿＿＿＿＿＿＿＿＿＿。

2. 说明图中形位公差框格的含义：符号“⊥”表示＿＿＿＿，数字“0.03”是＿＿＿＿，“*A*”是＿＿＿＿

3. 齿轮轴零件图中表面粗糙度要求最高的是＿＿＿，共有＿＿＿处；要求最低的是＿＿＿。

4. 指出图中的工艺结构：它有＿＿处倒角，其尺寸分别为＿＿＿＿＿＿，有＿＿＿处退刀槽，其尺寸为＿＿＿＿＿＿＿＿＿＿。

齿轮轴	比例	数量	材料	（图号）
			45	
制图		（校名）		
校核				

班级　　　　姓名　　　　学号

9-11 读零件图二

读导套零件图,并完成填空题。

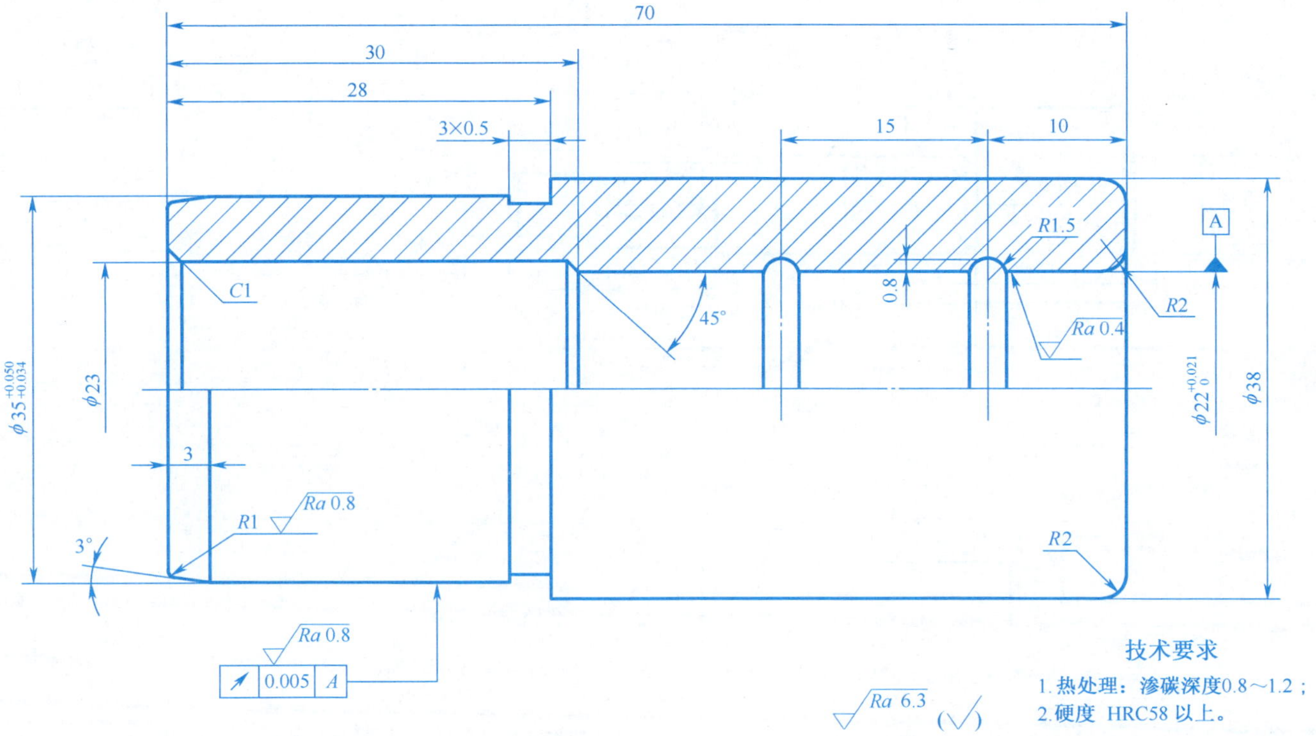

1. 直径为 $\phi 38$ 的圆柱长为______。

2. 越程槽 3×0.5 表示槽宽为______,槽深为________。

3. 直径为 $\phi 23$ 的孔左端倒角为______。

4. 导套表面粗糙度要求最高的表面是______。

导套		材料	20	比例	2∶1
		数量	2	图号	
制图					
校核					

班级　　　　姓名　　　　学号

9-12 读零件图三

读端盖零件图，并完成填空题。

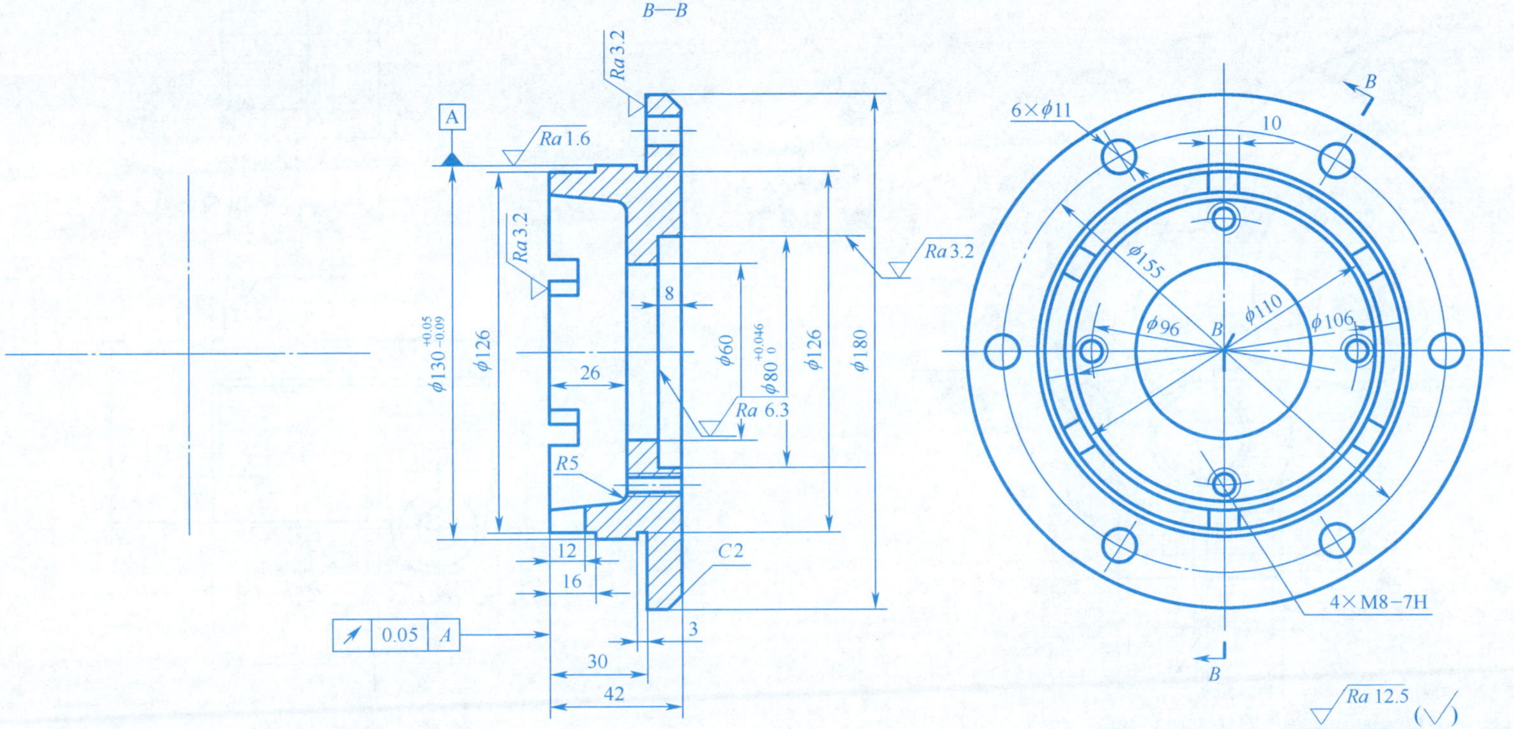

1. 端盖的周围有________个圆孔，它们的直径为________，定位尺寸为________________。

2. 零件表面要求最高的表面粗糙度代号为________，要求最低的为________。

3. 在给定位置画出右视图的外形图。

端盖		比例	数量	材料	（图号）
				HT200	
制图			（校名）		
校核					

班级　　　　姓名　　　　学号

9–13 读零件图四

读弯臂零件图，并回答下列问题。

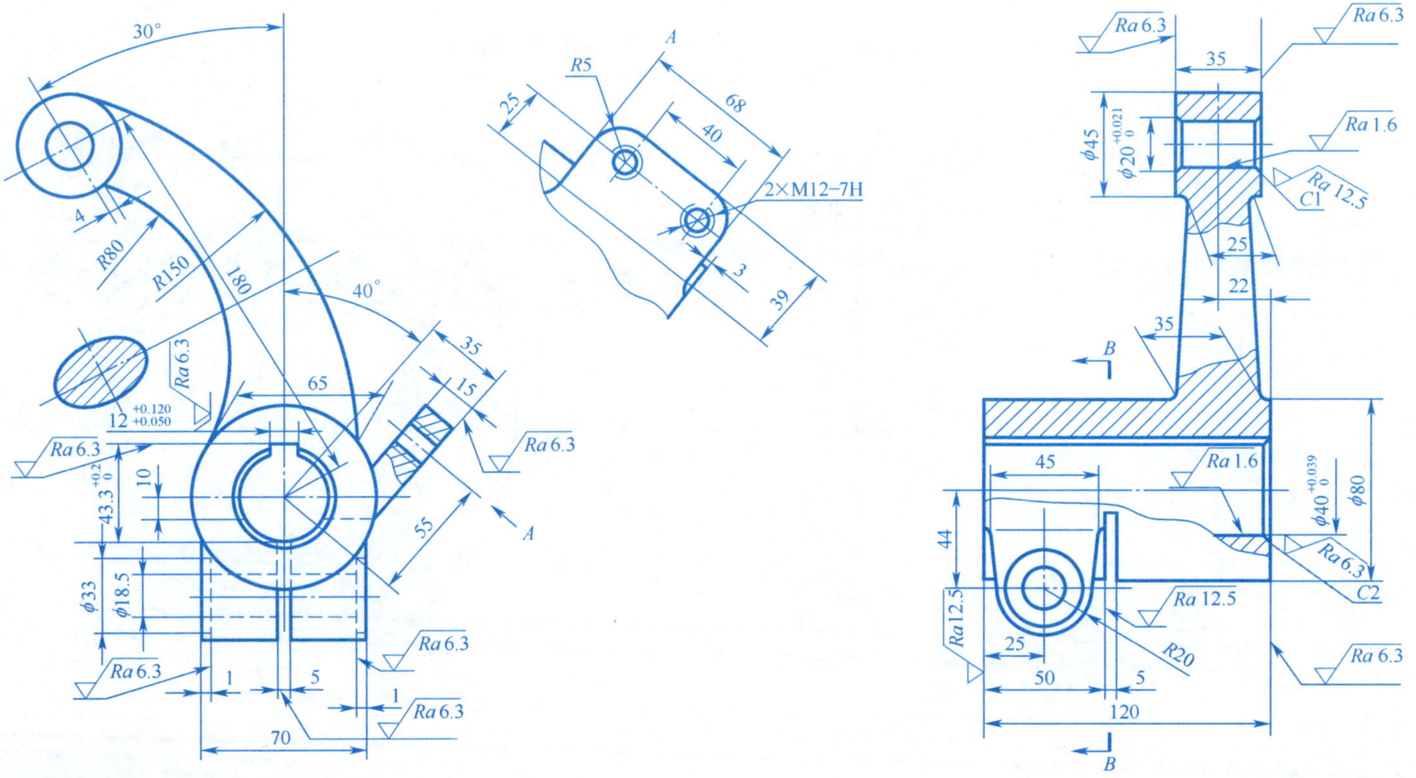

1. 该零件属于四类典型零件中的哪一类？

2. 指出各方向尺寸的主要基准。

3. 连接脚（右方）的定位尺寸有哪些？定形尺寸有哪些？

4. 在图上注出 ϕ80 mm 圆筒后端面与 ϕ45 mm 圆筒前端面的距离。

5. 画出 B–B 断面图。

√(√)

技术要求

未注铸造圆角 $R3 \sim R5$。

弯臂	比例	数量	材料	（图号）
		1	HT150	
制图			（校名）	
校核				

班级　　　　姓名　　　　学号

读阀体零件图，并回答下列问题。

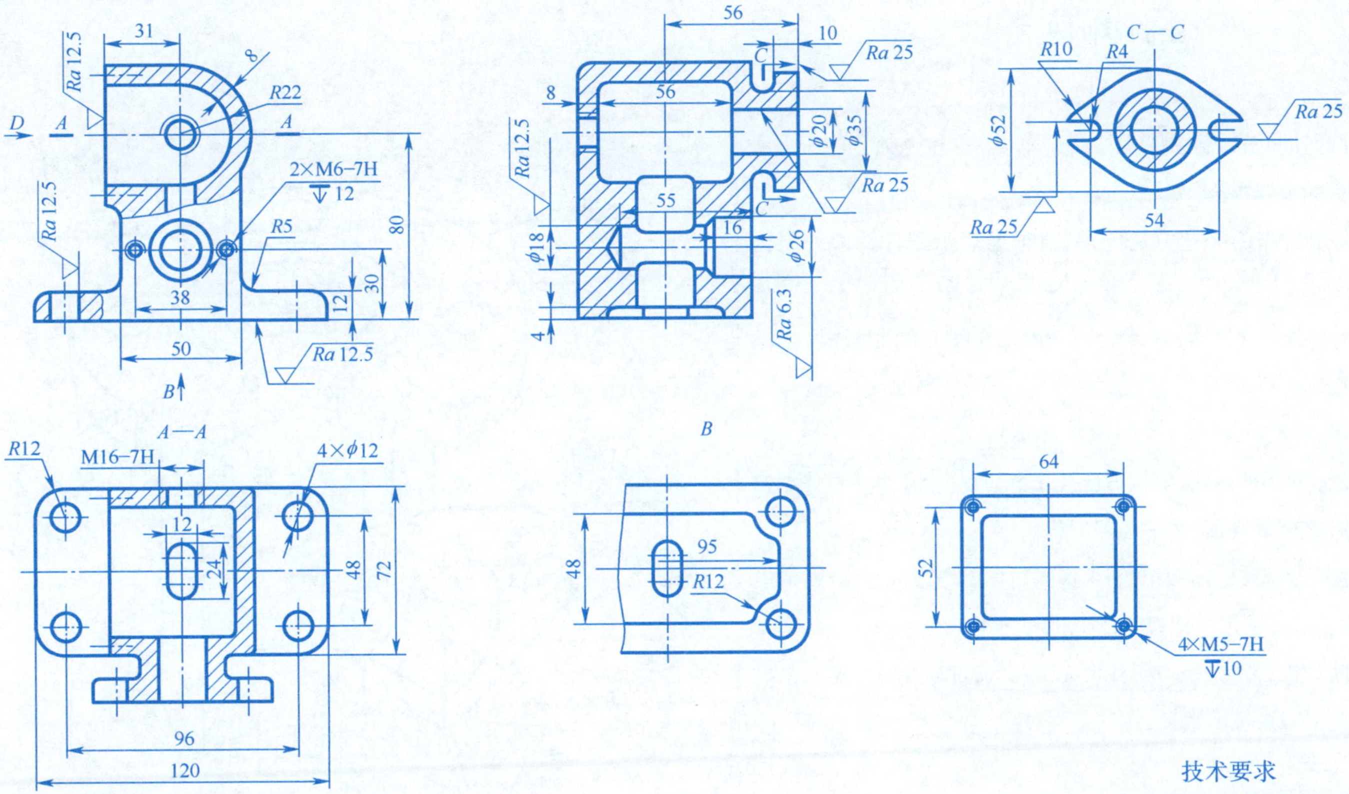

技术要求

未注铸造圆角 *R*3 ~ *R*5。

1. 阀体零件图采用了哪些表达方法？各视图的作用如何？

2. 找出视图中的定位尺寸。

3. 该零件的哪个表面尺寸精度要求最高？

(√)

阀体	比例	数量	材料	（图号）
		1	HT150	
制图		（校名）		
校核				

班级　　　　姓名　　　　学号

9-15 根据零件轴测图绘制零件图

绘制零件图

一、内容

根据零件的轴测图绘制零件图。

二、作业目的及要求

1. 学会运用恰当的表达方法完整、清晰地表示零件的内外结构形状。

2. 参考轴测图中的尺寸，学会齐全、清晰地在图上合理标注尺寸。

三、作业提示

1. 用 A3 图幅绘制，比例 1 : 1。

2. 在确定主视图的同时，要考虑选择几个基本视图（表达主体结构的形状）和选什么辅助视图（表达局部形状）。

3. 合理选用剖视图和断面图，一个视图尽可能表达较多结构，但避免在同一视图上过多采用局部视图，以免影响主体形状。

4. 选用的一组图形，应便于标注尺寸，或者通过标注一个至几个尺寸，使视图简化或减少视图数量。

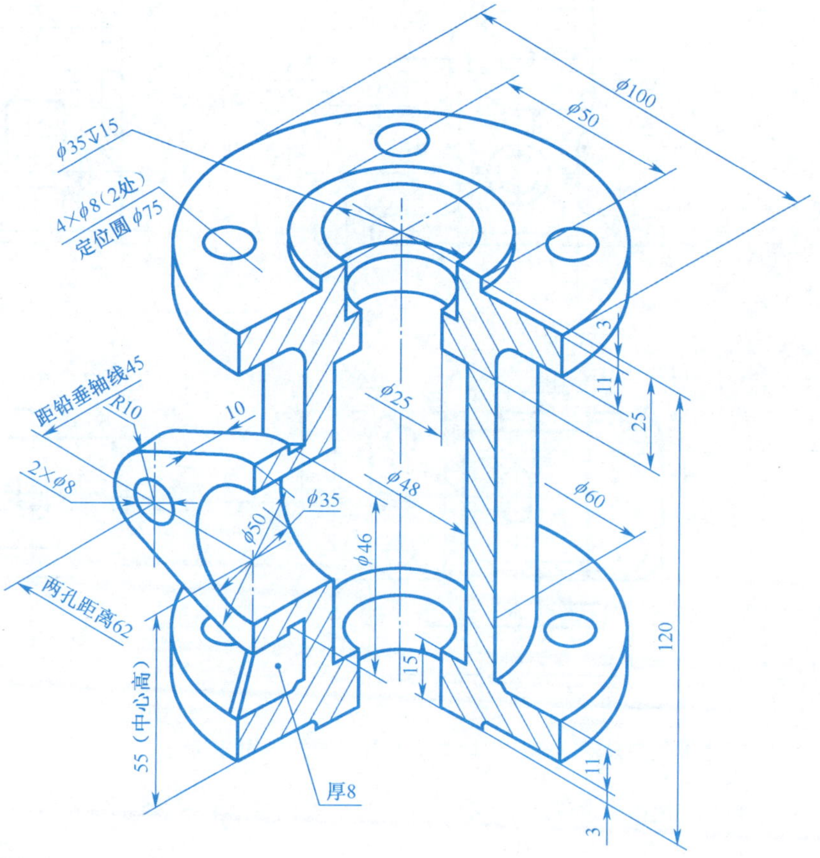

班级　　　　姓名　　　　学号

第 10 章　装　配　图

10-1　根据零件图画装配图

绘制装配图

一、目的

学习装配图的绘制方法，培养画装配图的能力。

二、要求

1. 掌握装配图的视图方案选择。
2. 掌握装配图的画法与尺寸标注。
3. 进一步培养读零件图的能力和巩固常用件、标准件的应用与画法。
4. 根据示意图，拼画装配图。

三、内容

根据轴测图和零件图拼画弹性辅助支承的装配图。

四、注意事项

1. 画图前，须看懂零件图，了解部件的工作原理、各零件之间的装配连接关系。
2. 要从能反映工作原理和装配关系出发，选好表达方案。
3. 初次拼画装配图，不熟练，宜先在草稿纸上试画，再正式绘图。

名称：千斤顶

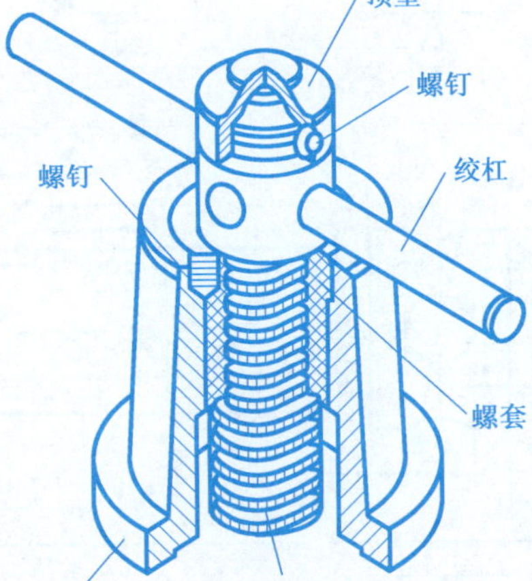

附：千斤顶工作原理

千斤顶是利用螺旋传动来顶举重物的。它是汽车修理和机械安装中常见的起重工具。工作时，绞杠穿在螺旋杆顶部的图孔中。旋转绞杠，螺旋杆在螺套中沿螺纹作上下移动。顶垫上的重物沿螺旋杆的上升而顶起。

螺套嵌压在底座中，其一面用螺纹固定，磨损后便于更换，修配。

螺旋杆的球面形顶部套上一个顶垫，拿螺钉与螺旋杆连接而不固定，以防止顶垫随螺旋杆一起旋转而脱落。

班级　　　　姓名　　　　学号

10-1 根据零件图画装配图(续)

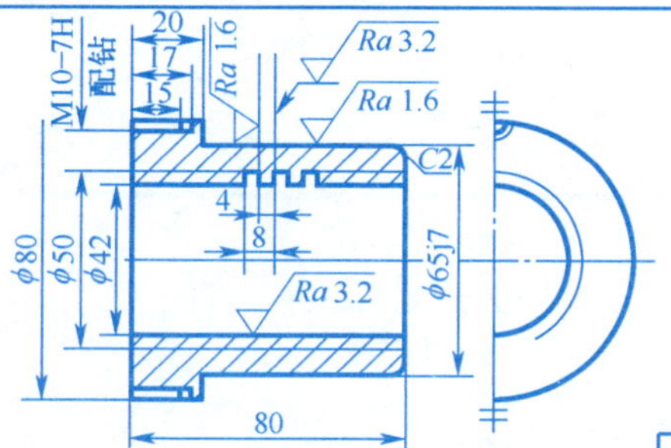

名称	螺　套	序号	6
数量	1	材料	QA19-4

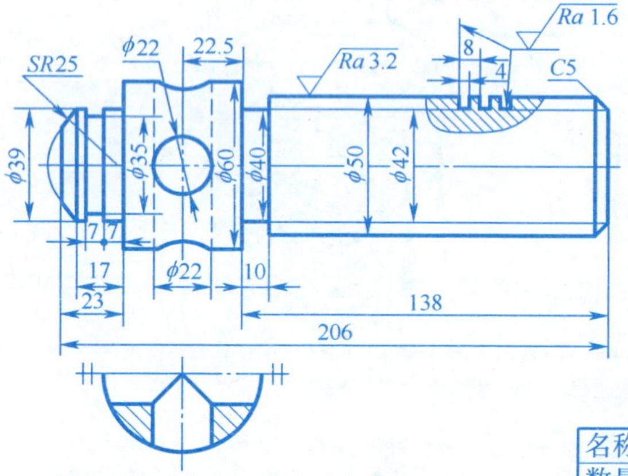

名称	螺旋杆	序号	3
数量	1	材料	Q255

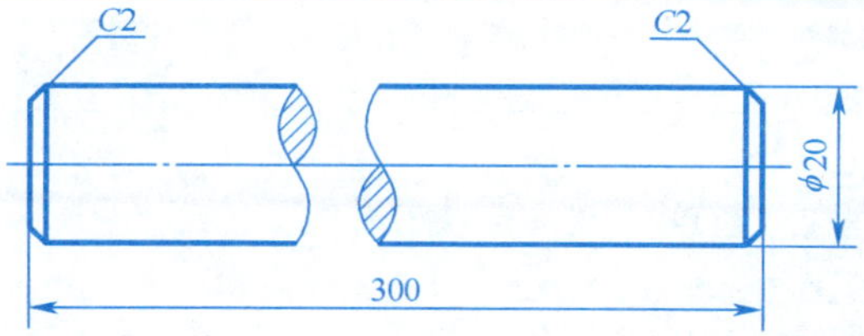

名称	绞　杠	序号	4
数量	1	材料	Q215

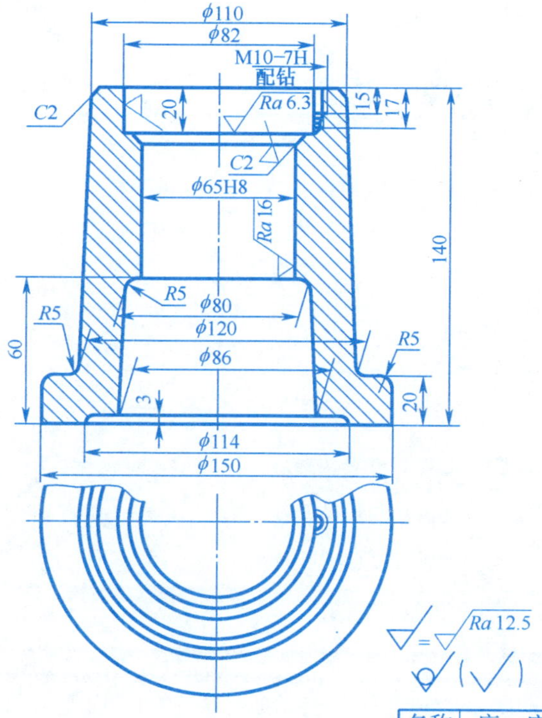

名称	底　座	序号	7
数量	1	材料	HT200

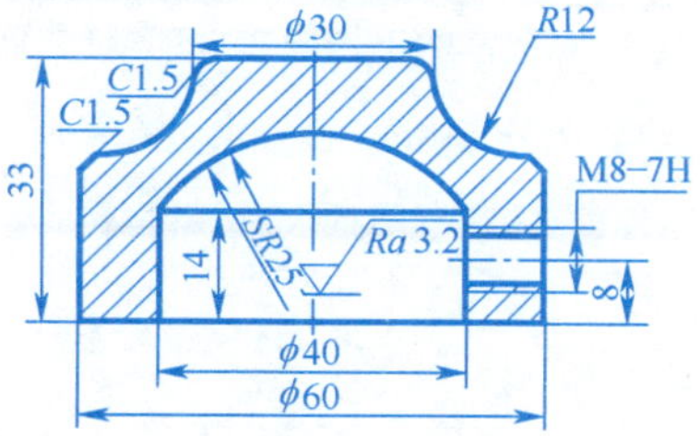

名称	顶　垫	序号	1
数量	1	材料	Q275

班级　　　　姓名　　　　学号

读装配图综合练习

一、目的

学习读装配图的方法和步骤,培养读装配图的能力;掌握由装配图拆画零件图的方法和步骤。

二、要求

1. 读懂部件的视图,了解其工作原理和装配关系,分析各零件的作用。
2. 从装配图中,根据零件的功用,想出各零件的主要结构形状,拆画出零件图。

三、内容及格式

1. 读懂装配图,了解它们的工作原理、装配关系及装拆顺序。
2. 回答题目中的问题,并拆画零件草图。
3. 按教师指定,拆画 1~2 个零件的零件图,用 A3 或 A2 图纸。

四、完成作业的步骤与提示

1. 读装配图。按照教材中读装配图的方法和步骤,阅读后面的装配图。看懂部件的工作原理、装配关系。从装配图中把零件的各个投影分离出来,并根据零件的功用想象其完整的结构形状。

2. 由装配图拆画零件工作图。根据看图想象出零件形状以及零件图的表达方法,按照教材中介绍的拆画零件图的方法和步骤,重新选择视图,画出零件图。

五、思考题

1. 装配图的功用、传动关系?

2. 装配图采用了哪些表达方法?各视图的表达重点是什么?

3. 装配示意图的画法。

4. 装配图中哪些是装配尺寸、安装尺寸、外形尺寸?图中配合代号的意义。

5. 部件的装拆顺序。

6. 如何拆画指定的零件图,如何画出指定的剖视图、断面图等。

班级　　　　姓名　　　　学号

读懂旋阀装配图,并回答问题。

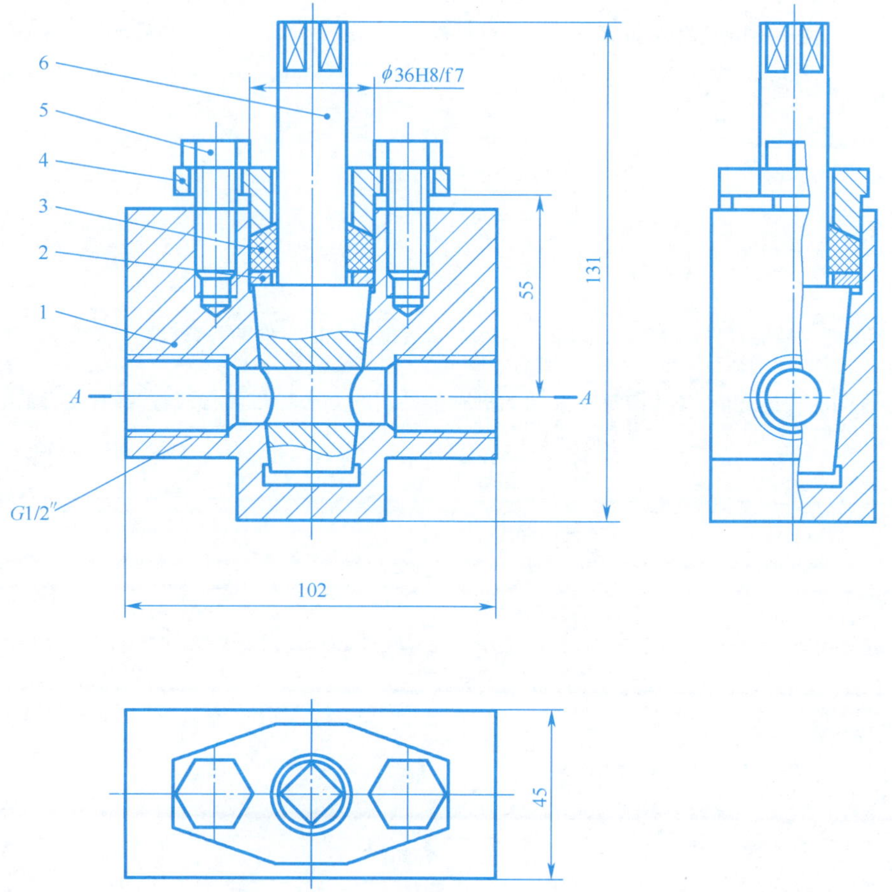

1. 说明该装配体的名称、用途。共由几种零件组成?其中几种标准件?

2. 试说明旋阀的工作原理。

3. 件 1 和件 4 是什么配合?

4. 件 3 起什么作用?如何固定?

5. 解释 G1/2″的含义。

6. 作 A—A 剖视图。

7. 拆画件 1 的零件草图。

6	阀杆	1	45	
5	螺钉 M10×40	2	35	GB/T 5783—2000
4	填料压盖	1	35	
3	填料	1	石棉绳	
2	垫圈	1	Q235	
1	阀体	1	35	
序号	名称	数量	材料	备注
旋阀		比例	数量	材料	(图号)
制图		(校名)			
校核					

班级　　姓名　　学号

10-3 读装配图(二)

读懂柱塞泵装配图,并回答问题。

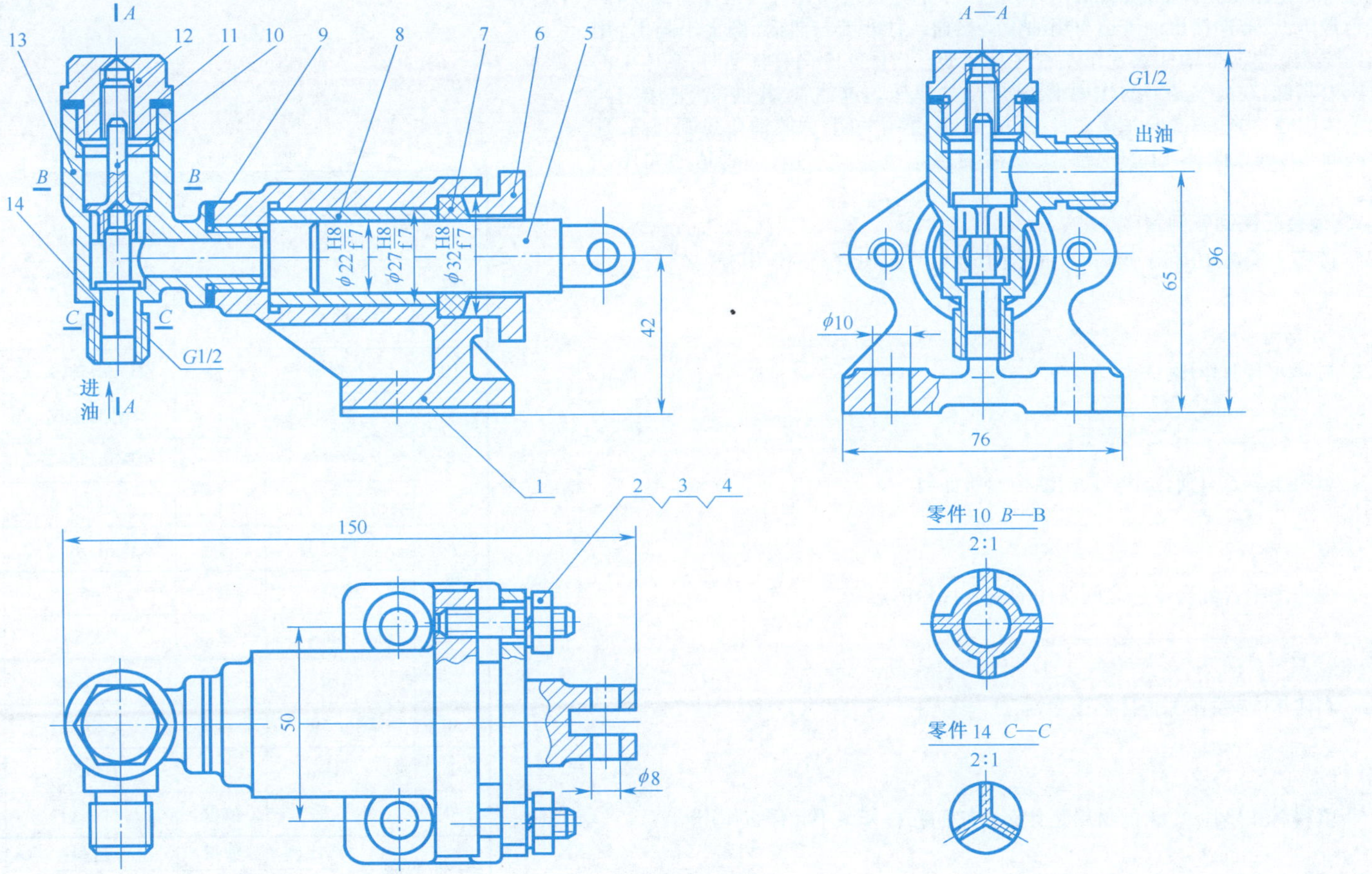

班级　　　　姓名　　　　学号

10-3 读装配图(二)(续)

一、工作原理

柱塞泵是用来提高油压的部件。阀体 13 下部连接进油管与油箱接通，油箱内油压为常压；后部连接出油管道与用油设备接通。柱塞 5 与曲柄(图上未画出)用 $\phi 8$ 销子连接，曲柄带动柱塞 5 作左右往复运动。当柱塞 5 向右移动时，泵体 1 的内腔压力降低，在大气压力的作用下，油就从油箱压入进油管，并推开下阀瓣 14，进入泵体内腔；当柱塞 5 向左移动时，下阀瓣 14 受压关闭，内腔油压急剧升高，顶开上阀瓣 10，进入阀体 13 的上部，油从后面出口流出，经过出油管道通向用油设备。

二、读装配图回答问题

1. 读懂上阀瓣 10 和下阀瓣 14 的结构形状，并说明它们的作用。

2. 衬套 8 有何作用？

3. 填料压盖 6 有何作用？它的结构形状如何？

4. 说明图中各配合零件之间所注的配合代号的意义。

5. 阀体 13 与泵体 1 是什么连接？

6. 填料 7 和垫片 9、11 的材料是什么？它们在柱塞泵中起什么作用？

7. 拆画泵体 1、柱塞 5、填料压盖 6、阀体 13 的零件草图。

14	下阀瓣	1	ZHMnD58-2-2	
13	阀体	1	ZHMnD58-2-2	
12	螺塞	1	ZHMnD58-2-2	
11	垫片	1	耐油橡皮	
10	上阀瓣	1	ZHMnD58-2-2	
9	垫片	1	耐油橡皮	
8	衬套	1	ZHMnD58-2-2	
7	填料	1	毛毡	
6	填料压盖	1	ZHMnD58-2-2	
5	柱塞	1	45	
4	螺柱 M8×35	2	Q235A	GB/T 898—1988
3	垫圈	2	Q235A	GB 93—1987
2	螺母 M8	2	Q235A	GB/T 6170—2000
1	泵体	1	HT150	
序号	名 称	数量	材 料	备 注

柱塞泵	比例	数量	材料	(图号)
制图			(校名)	
校核				

班级　　　　姓名　　　　学号

10-4 读装配图(三)

读懂顶尖架装配图,并回答问题。

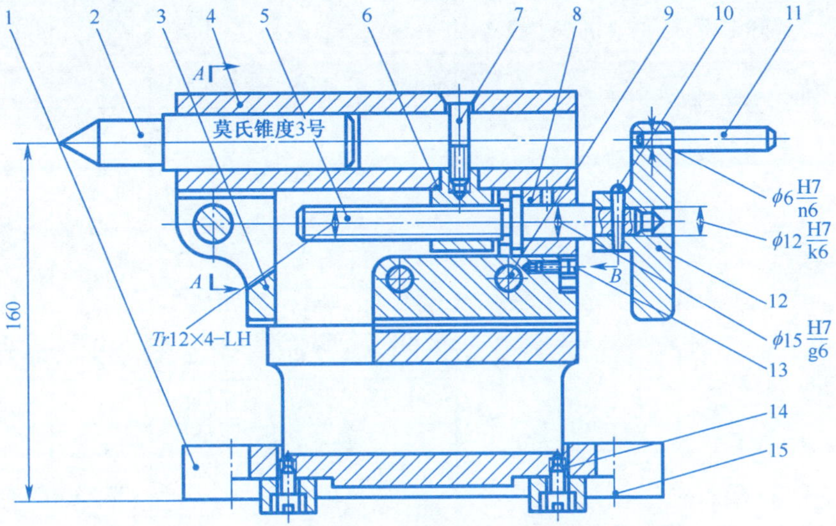

A—A

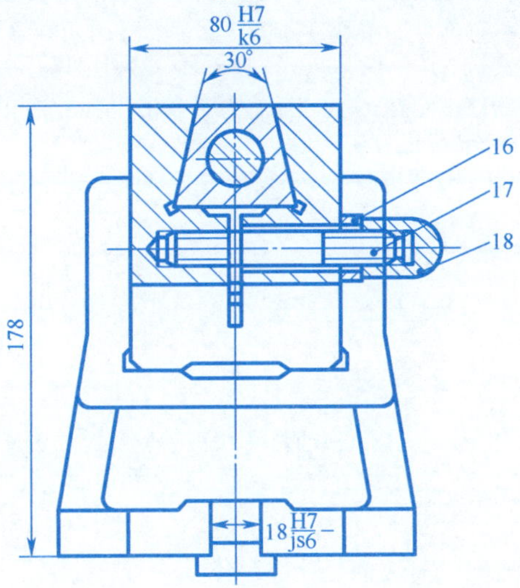

拆去件10、11、12

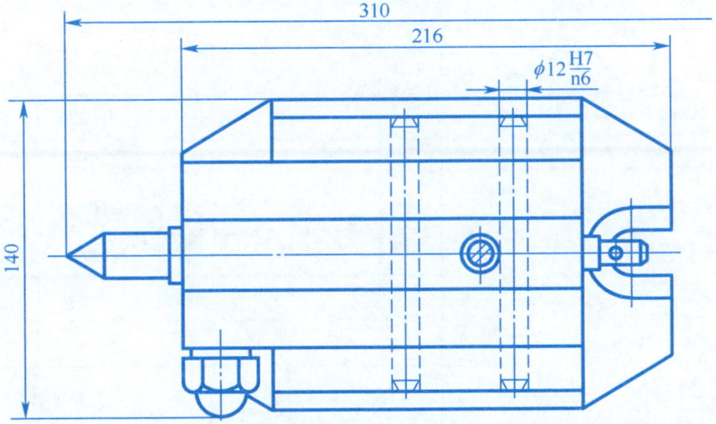

零件8 *B*

班级　　　　姓名　　　　学号

一、工作原理

顶尖架用于顶紧工件,属丝杆滑块机构。当转动手轮 12 时,通过丝杆 5、螺母 6 带动滑块 4 在滑座 3 内左右移动。滑块 4 带有 3 号莫氏锥孔并配 3 号顶尖。滑块锁紧靠球形螺母 18,通过双头螺柱 17 实现。

该部件由定位键 15 定位,固定在工作台上,并由 T 形槽螺钉(图上未表达)固定。

二、读装配图回答问题

1. 当手轮逆时针旋转时,顶尖 2 是缩进还是前移?

2. 分析滑块断面的形状,它的内孔与顶尖是什么配合?

3. 球形螺母 18 松开时,滑块被锁紧还是松开?

4. 手轮与杆之间是什么配合?

5. 件 7 的作用是什么?

6. 拆画底座 1、滑座 3、滑块 4、丝杆 5、手轮 12 的零件草图。

序号	名称	数量	材料	备注
18	螺母	1	Q235A	
17	螺柱 M16×70	1	Q235A	GB/T 898—1988
16	垫圈	1	Q235	
15	定位键	2	45	
14	螺钉 M6×16	2	Q235A	GB 65—2000
13	螺钉 M4×10	3	Q235A	GB 70.1—2008
12	手轮	1	Q235A	
11	手把	1	Q235A	
10	锥销 4×25	1	Q235A	GB 117—2000
9	锥轴	2	20	
8	轴承压盖	1	45	
7	螺钉 M6×40	1	Q235A	GB 68—2000
6	螺母	1	Q235	
5	丝杆	1	45	
4	滑块	1	HT200	
3	滑座	1	HT200	
2	顶尖	1	T8	
1	底座	1	HT200	

顶尖架		比例	数量	材料	(图号)
制图			(校名)		
校核					

班级　　　　姓名　　　　学号